Sabine Fabach

Burn-out

Sabine Fabach

Burn-out

Wenn Frauen über ihre Grenzen gehen

orell füssli Verlag AG

Ich möchte dieses Buch meinen Kolleginnen im Institut Frauensache widmen, Andrea Scheutz und Bettina Reinisch, die mich mit ihrer Frauenpower immer wieder motivierten, neue Herausforderungen anzunehmen.

5. Auflage 2011

Konzeption und Realisation: Ariadne-Buch, Christine Proske, München
Redaktion: Cornelia Rüping
Umschlagabbildung: Masterfile (Jerzyworks)
Umschlaggestaltung: Andreas Zollinger, Zürich
Satz: KompetenzCenter, Mönchengladbach
Autorenporträt Umschlag: Foto Margarete Neundlinger
Druck: fgb • freiburger graphische betriebe, Freiburg

ISBN 978-3-280-05221-1

Bibliografische Information der Deutschen Nationalbibliothek:
Die Deutsche Nationalbibliothek verzeichnet diese Publikation in der Deutschen Nationalbibliografie; detaillierte bibliografische Daten sind im Internet über http://dnb.d-nb.de abrufbar.

Inhalt

Vorwort

Stressgefühle, Erschöpfung, eine negative Einstellung zu sich selbst und zu anderen – das sind typische erste Anzeichen eines Burn-out-Syndroms. Aufgrund des allgemein zunehmenden Drucks ist aus der eher selten vorkommenden «Managerkrankheit» ein in allen Schichten und Berufsgruppen anzutreffendes Phänomen geworden. Zeitungen prophezeien, dass sich das Burn-out zur neuen Volkskrankheit entwickelt, die immer mehr Menschen betrifft. Es tritt als Begleiterscheinung des Leistungsdenkens und Lebenstempos in den westlichen Industriegesellschaften auf.

Das Burn-out-Syndrom ist jedoch keine Krankheit im klassischen Sinne, sondern ein Bündel von körperlichen und seelischen Reaktionen auf konstante und nicht zu bewältigende Anforderungen. Technisch ausgedrückt handelt es sich um eine Materialermüdung aufgrund zu starker Beanspruchung und mangelnder Pflege. Burn-out ist die Konsequenz aus einer permanenten Vernachlässigung, während sich die Betreffende voll und ganz einer Idee oder Aufgabe hingibt. Es kann als eine normale und gesunde Reaktion auf eine unnatürliche Lebenssituation verstanden werden. Somit darf Burn-out nicht als Zeichen von Schwäche betrachtet werden, sondern als normale Reaktion eines gesunden Organismus auf den ganz alltäglichen Wahnsinn.

Damit sich das Burn-out-Syndrom nicht ungehindert ausbreiten kann, sind strukturelle Veränderungen am Arbeitsplatz und bei den Rahmenbedingungen notwendig, da hier die Ursachen zu finden sind. Doch viel zu häufig wird von Menschen verlangt, sich selbst an die unmöglichsten Arbeitsverhältnisse anzupassen. Bevor Sie dabei einfach mitmachen, analysieren Sie lieber erst einmal Ihre Situation. Werfen Sie einen kritischen Blick auf die Umstände und auf die Erwartungen, die an Sie gerichtet werden. Erkennen Sie dann, dass Sie eine neue Strategie benötigen, weil die Umstände immer schwieriger werden, und nicht, weil mit Ihnen etwas nicht in Ordnung ist.

Vor allem Frauen sind aufgrund der vielfältigen beruflichen und privaten Anforderungen in ihrem Leben gefährdet, an einem Burn-out zu erkranken. Das hat einerseits damit zu tun, dass der Erfolgsdruck im Lauf der vergangenen 20 Jahre stetig gewachsen ist, da Frauen immer mehr berufliche Möglichkeiten offenstehen. Andererseits hat sich die Mehrfachbelastungen durch Kindererziehung, Haushalt und die Pflege von Angehörigen nicht nennenswert verringert. So fühlen sich die meisten Frauen dazu verpflichtet, sowohl im Beruf als auch im Privatleben ständig ihre Fähigkeiten und ihre Verlässlichkeit unter Beweis stellen, was zu einer konstanten Überlastung führen kann.

Kennen Sie dieses Gefühl? All der Spaß und Ihr Engagement bei der Arbeit haben sich nach und nach in einen Strudel verwandelt, der Sie in die Tiefe zu ziehen droht. Sie sind im Alltag hauptsächlich damit beschäftigt, sich selbst vor dem Untergehen zu retten. Begleitet wird dies von der scheinbaren Gewissheit, dass Sie doch nichts ändern können. Geben Sie diesen negativen Gedanken keine Macht, sondern werden Sie aktiv. Selbst wenn Sie beim Lesen dieses Buches immer wieder meinen, dass die hier vorgestellten Tipps und Ideen in Ihrem Fall nicht helfen, probieren Sie trotzdem einmal den ein oder anderen Vorschlag aus, um der immer gleichen Situation zu entkommen.

Machen Sie sich zudem bewusst, dass Sie nicht alleine mit diesen Überlegungen und Gefühlen sind. Sie befinden sich in bester Gesellschaft: Das Burn-out-Syndrom tritt nur bei sehr engagierten, motivierten, idealistischen und verantwortungsvollen Frauen auf, kurzum bei tollen und bewundernswerten Frauen. Behalten Sie diesen Gedanken im Hinterkopf, während Sie dieses Buch lesen und Ihren Weg aus dem Burn-out suchen. Setzen Sie sich das Ziel, einen Weg zurück auf festen Boden zu finden, um wieder positiv handlungsfähig zu werden – nicht nur im Beruf, sondern in allen Lebensbereichen. Gewinnen Sie Ihre Lebensfreude, Ihre Begeisterung und Kraft zurück. Werden Sie wieder zur Chefin Ihres eigenen Lebens.

Noch zwei Bemerkungen zum Text:

Der Begriff «Arbeit», wie ich ihn verwende, bezieht sich nicht nur auf Erwerbsarbeit, sondern auf alle Tätigkeiten, die sich von Freizeit und Erholung abgrenzen lassen. Jede ehrenamtliche Tätigkeit, Hausarbeit, Pflegeaufgaben und selbst Gartenarbeit kann dazugehören. Sie selbst legen fest, was Sie als Arbeit und was Sie als Freizeit erleben. Niemand kann an Ihrer Stelle darüber bestimmen, was für Sie belastend und energieraubend oder was für Sie angenehm und entspannend ist. Allein Ihre subjektive Einschätzung entscheidet über Ihre persönliche Belastung und somit auch über Ihre ganz individuelle Burn-out-Gefahr.

Ich verwende in diesem Buch ganz bewusst eine Sprache, die beide Geschlechter sichtbar macht. So werden Sie bei Wörtern wie KundInnen das große I bemerken, das deutlich macht, dass hier Frauen und Männer angesprochen sind. Diese Schreibweise hat sich in vielen Bereichen bereits eingebürgert und unsere Lesegewohnheiten im positiven Sinne verändert.

«Sprache schafft Wirklichkeit» und innere Bilder bestimmen unser Handeln. Stellen Sie sich folgende Szene vor: Ein Gerichtssaal während einer Verhandlung. Der Richter lauscht den Ausführungen des Verteidigers, während der Staatsanwalt etwas nachliest. Ein Zeuge wartet auf die nächste Frage und der Angeklagte schaut betreten zu Boden. Vergeben Sie Namen an alle Beteiligten. Ihnen werden vor allem männliche Namen einfallen, weil Ihr inneres Bild nur von Männern bevölkert ist.

Gerade in einem Buch zum Thema Burn-out halte ich es für ungemein wichtig, Frauen in ihren unterschiedlichen Funktionen sichtbar zu machen. Außerdem wird es ansonsten schwierig, deutlich zu zeigen, wann nur Männer und wann Frauen und Männer gemeint sind.

In meiner Beratungsarbeit mit Frauen erlebe ich immer wieder, wie sehr sie sich darüber ärgern, dass sie aus Gewohnheit und Norm in der zweiten Reihe stehen und dass ihre Anliegen gerne vergessen werden. Eine Sprache, die nur männliche Formen verwendet, unterstützt die Unsichtbarkeit und geringere Wichtigkeit von Frauenanliegen, weil sie «nur mitgemeint» sind. Und damit sind wir schon bei den Auslösern für ein Burn-out-Syndrom angekommen.

I. Verschaffen Sie sich einen ersten Überblick

Sie haben dieses Buch gekauft, weil Sie vermuten oder wissen, dass Sie unter einem Burn-out-Syndrom leiden oder stark gefährdet sind. Beim Überfliegen des Inhaltsverzeichnisses haben Sie bereits gemerkt, welche Kapitel Sie besonders stark ansprechen und welche zunächst einmal weniger interessant für Sie sind. Wenn Sie bereits an körperlichen und psychischen Symptomen leiden, suchen Sie sich unbedingt zusätzlich ärztliche und psychologische Unterstützung.

Schnelle Hilfe

Als Betroffene haben Sie wahrscheinlich nur wenig freie Zeit zur Verfügung. Entscheiden Sie daher selbst, welche Kapitel Sie als Erstes lesen und welche Sie auf später verschieben wollen.

Tipps für ganz Eilige

1. Beginnen Sie mit dem Burn-out-Test auf Seite 18.
2. Steigen Sie dann in das Kapitel «II. Verlauf eines Burn-out-Syndroms» ein, um festzustellen, auf welcher Stufe eines Burn-outs Sie sich befinden. Hier finden Sie neben den Ursachen und Symptomen erste Tipps und Anregungen, wie Sie auf eine niedrigere Stufe zurückgehen und erste Schritte für eine Veränderung einleiten können.
3. Lesen Sie anschließend das Kapitel «IV. Geben Sie dem Burn-out keine Chance», um auch in Zukunft sofort rea-

gieren zu können, wenn Handlungsbedarf besteht. Finden Sie heraus, welche Aspekte für Ihr Burn-out verantwortlich sind, und schärfen Sie Ihre Wahrnehmung. Hier finden Sie viele Anregungen, die für Sie relevant und hilfreich sein können.

4. Sie sind neugierig geworden und wollen mehr über Ihr Burn-out erfahren? Dann empfehle ich das Kapitel «III. Gegen das Burn-out: Gefahr erkannt, Gefahr gebannt», mit dem Sie eine detaillierte Ursachenanalyse betreiben können. Beginnen Sie unbedingt mit den Umständen in Ihrem Arbeitsleben, damit Sie sich nicht gleich mit reiner Selbstkritik überhäufen.

Tipps für diejenigen, die es nicht ganz so eilig haben

Sie können selbst wählen, in welcher Reihenfolge Sie die Kapitel in diesem Buch lesen wollen. Beginnen Sie ruhig mit den Themen, die Sie besonders ansprechen, bleiben Sie dabei aber nicht auf der persönlichen Ebene. Beschäftigen Sie sich schon sehr bald mit den betrieblichen Faktoren, die bei Ihrem Burn-out eine Rolle spielen. Lassen Sie bitte auch die Kapitel, deren Überschriften Ihnen zunächst vielleicht unverständlich erscheinen, nicht aus. Sicherlich entdecken Sie auch hier ganz neue Aspekte und Sichtweisen, die Ihr Leben bereichern oder gar erleichtern. Natürlich können Sie das Buch auch einfach vom Anfang bis zum Ende durchlesen, wenn Sie sich ganz umfassend mit dem Thema Burn-out befassen wollen.

Tipps für Angehörige und FreundInnen

Für Sie ist es sicher sinnvoll, wenn Sie sich – nachdem Sie dieses Kapitel zu Ende gelesen haben – gleich dem Kapitel «V. Zum Umgang mit burn-out-gefährdeten Menschen» zuwenden, das sich speziell an Partner und FreundInnen richtet. Lesen Sie dann aber bitte weiter, um sich Hintergrundwissen anzueignen. Dazu empfehle ich Ihnen das Kapitel «II. Verlauf eines Burn-out-Syndroms».

Was ist das Burn-out-Syndrom?

Die Bezeichnung «Burn-out-Syndrom» beschreibt eine normale seelische und körperliche Reaktion auf zu starke Beanspruchung und Dauerstress. Im Grunde handelt es sich um eine Maßnahme zum Selbstschutz von Körper und Psyche. Hier geht es allerdings nicht um eine kurzfristige Erschöpfung, die sich durch ein wenig Schlaf oder einen kurzen Urlaub wieder beheben lässt, sondern um eine tiefgehende körperliche und psychische Erschöpfung, die sich über Monate und Jahre hinweg aufgebaut hat.

Stellen Sie sich folgende Situation vor: Sie wollen einen Berg erklimmen. Nachdem Sie die Hälfte des Weges zurückgelegt haben, stellen Sie fest, wie schwer Ihr Gepäck tatsächlich ist. Ohne diese Last würden Sie den Gipfel viel leichter und vor allem eher erreichen. Sie sehen, dass andere schneller sind als Sie, vielleicht werden Sie auch erbarmungslos angetrieben. Also legen Sie Ihr Gepäck am Wegesrand ab und kommen besser voran. Ist der Berg recht hoch und der Weg noch weit, werden sich jedoch bald Durst und Hunger einstellen. Ihre Kraft lässt nach, weil Sie nichts zu essen und zu trinken dabeihaben. Vielleicht schaffen Sie den Weg hinauf, doch ohne Proviant, den Sie mit dem Gepäck zurückgelassen haben, werden Sie den Weg hinunter nicht schaffen. Jetzt kann nur noch die Bergrettung helfen.

An diesem Punkt steht derjenige, der an einem Burn-out-Syndrom leidet. Wer sich immer wieder über seine körperlichen Grenzen hinwegsetzt, seinem Körper keine Pausen gönnt, ihm weder Nahrung noch Wasser zuführt, wird seinen Weg nicht aus eigener Kraft gehen können. Wenn Sie Ihren Körper immer nur ausbeuten und all seine Hinweise beharrlich ignorieren, werden Sie sich eines Tages nicht mehr auf ihn verlassen können oder er tritt in den Streik.

Ein Burn-out bringt nicht nur körperliche Symptome mit sich, die Sie unbedingt von einer Ärztin oder einem Arzt abklären lassen müssen. Es äußert sich vor allem auch als ein Gefühlszustand der inneren Erschöpfung in Kombination mit Angst und Anspannung.

Denken Sie an die Wanderung: Sie lassen das Gepäck nicht aus Spaß zurück, sondern weil Sie sich von anderen angetrieben fühlen oder Angst haben, überholt zu werden. Oder weil Sie befürchten, als verweichlicht und zu langsam abgestempelt zu werden. Genau dieser Druck treibt Sie während der ganzen Wanderung an.

Für viele Menschen sind Stress und Erschöpfung zum Normalzustand geworden. Vor allem Frauen nehmen mangelnde Motivation und schwindenden Elan häufig als Bestandteil des Frauseins oder des Jobs wahr. Damit werden diese Empfindungen zu Rahmenbedingungen, die sich nicht ändern lassen, obwohl sie doch einen guten Ansatzpunkt für Veränderungen bieten. Und so kommen wir zu einem weiteren wichtigen Aspekt des Burn-outs: Alle negativen Gefühle werden verdrängt, Warnhinweise ignoriert.

Der ständige Druck und das Verleugnen schlechter Gefühle können außerdem dazu führen, dass die Probleme und Bedürfnisse anderer nicht mehr wahrgenommen werden. Im Extremfall macht sich dann eine zynische und harte Einstellung gegenüber allen Mitmenschen breit.

Damit kennen Sie nun die vier Hauptsymptome, die mit einem Burn-out-Syndrom einhergehen: körperliche Erkrankungen, eine tiefe Erschöpfung, und eine zynische Einstellung gegenüber anderen sowie eine negative abwertende Haltung sich selbst gegenüber. Diese Symptome können sogar ein ganzes Team treffen. In solchen Fällen sind die Erwartungen, der Druck und die inneren Normen in der Gruppe so stark, dass auf schlechter werdende Rahmenbedingungen nicht mehr angemessen reagiert werden kann. Die meisten der MitarbeiterInnen sind ausgebrannt, der Umgangston ist nach und nach zynischer und aggressiver geworden. Der raue Ton bestimmt nicht nur das Klima im Team, sondern beeinflusst auch den Umgang mit den KlientInnen oder KundInnen.

Von Eustress und Disstress

Da Stress, wie er auf der Wanderung in unserem Beispiel entstehen könnte, eine der Hauptursachen für Burn-out ist, erfahren Sie an dieser Stelle, wie Stress überhaupt entsteht und welche Formen es gibt.

Stress kann beflügeln und Energie verleihen, Sie fühlen sich dynamisch, effizient und bringen viel voran. Das ist guter Stress – *Eustress*. Unter gewissen Bedingungen wird dieser belebende Stress aber zum schädlichen *Disstress*. Denken Sie bitte einmal an eine Situation, in der Sie so richtig unter Druck standen. Wie haben Sie sich gefühlt? Waren Sie überfordert? Wussten Sie nicht, was Sie zuerst tun sollten? Hatten Sie bereits erkannt, dass die Situation trotz aller Anstrengung nicht mehr zu retten war? Verspürten Sie Wut auf alles und jeden? Oder hätten Sie am liebsten vollkommen verzweifelt geweint? Unter Disstress läuft Ihr Körper auf Hochtouren, die damit verbundenen Gefühle sind Angst und Ärger.

Wenn auf eine derartige Phase mit viel Disstress und starker Anspannung keine Phase der Entspannung und Erholung folgt, stellt sich eine Art Daueralarmzustand ein. Sowohl der Körper als auch die Psyche sind auf konstante Höchstleistungen eingestellt, die Energiereserven des Organismus werden dementsprechend schnell aufgebraucht.

Doch was passiert bei Stress eigentlich im Körper? Wir Menschen verfügen über eine reflexhafte, körpereigene Stressreaktion, die uns hilft, sehr schnell zu handeln. Wird eine Situation als bedrohlich eingestuft, setzt eine physische Kettenreaktion ein, die den Körper so fit wie möglich macht. Die Hormone Adrenalin, Noradrenalin und Cortisol werden ausgeschüttet, Herz und Kreislauf laufen auf Hochtouren, die Arterien versorgen Lunge, Leber und Skelettmuskulatur mit mehr Blut.

Das Gehirn erhält mehr Sauerstoff und mehr Glukose. Die Magen- und Darmfunktionen werden auf Minimalbetrieb geschaltet, Hunger, Durst und der Sexualtrieb unterdrückt. Stress ist also eine natürliche körperliche Reaktion auf bestimmte Außenreize. Folgt keine Entwarnung, dann bleibt der Körper in Alarmbereitschaft und versucht zudem, sich an den konstanten Stress anzupassen.

Sicher kennen Sie auch das Phänomen, dass Sie nach Projektende oder nach einer schwierigen Prüfung in eine Art Erschöpfungsdepression fallen. Anstatt sich über den Erfolg zu freuen, verspüren Sie nur Niedergeschlagenheit und eine tiefe Müdigkeit gepaart mit einem Gefühl der Sinnlosigkeit. Dies hat einen physiologischen Hintergrund: Die Adrenalindepots im Körper sind völlig leer, was unsere Stimmungslage auf massive Weise beeinflusst.

Damit es nicht dazu kommt, braucht der Körper immer wieder Entwarnungs- beziehungsweise Entspannungsphasen, in denen sich die Hormon- und Energiedepots auffüllen und die unterversorgten Körperfunktionen wieder im Normalmodus laufen. Ein dauerhafter Alarmzustand schädigt unsere Gesundheit. Der lang erhöhte Cortisolspiegel hemmt das ganze Immunsystem und greift die Nervenzellen des Gehirns an.

Noch extremer schlägt es sich nieder, wenn eine derart belastende Situation länger anhält und Sie darüber hinaus keinen Handlungsspielraum – Flucht oder Angriff – mehr sehen. Der Alarmzustand bleibt bestehen, die Hilflosigkeit verstärkt den Disstress und macht es schwerer, Entwarnungsimpulse überhaupt wahrzunehmen.

Ihr Körper reagiert nicht mehr mit Entspannung, selbst wenn Sie sicher auf Ihrem Sofa sitzen oder im Bett liegen. Auch wenn Sie sich zu Pausen zwingen, stellen Sie fest, dass Sie sich nicht entspannen können. Ständig kreisen in Ihrem Kopf die Gedanken, wie Sie ein Problem lösen könnten oder ob Sie nicht doch etwas vergessen haben. Und so kommt auch Ihr Körper nicht zu Ruhe. Ihr Herz klopft, Ihr Magen vibriert oder fühlt sich wie verknotet an. Ihr Körper bleibt im Alarmzustand und Sie mit ihm. Häufig werden dann Schlaftabletten oder Alkohol als Mittel, die die ersehnte Entspannung bringen sollen, zu gefährlichen Wegbegleitern.

Stress an sich ist nicht das Problem, sondern erst dann, wenn das Gleichgewicht zwischen Stress- und Entspannungsphasen fehlt, wird der Stress zum Disstress. Ist Ihre Stressverlaufskurve über längere Zeit nicht mehr elastisch, d.h. fällt Entspannung schwer oder äußert sich nur mehr in einer tiefen Erschöpfung, dann ist die Gefahr eines Burn-outs sehr groß. Wie Sie für Entspannung und damit für eine gute Balance sorgen, erfahren Sie ab Seite 105.

Der Burn-out-Selbsttest

Bevor Sie sich nun endgültig ins Thema vertiefen, testen Sie selbst, wie gefährdet Sie sind oder ob Sie bereits an einem Burnout leiden. Lesen Sie die Aussagen in der ersten Spalte durch. Erinnern Sie sich dann daran, wie Sie sich während der letzten Wochen und Monate gefühlt haben, und kreuzen Sie die entsprechende Ziffer an.

	Fast nie	Manch-mal	Meis-tens
1. Ich bin mit meinem Leben unzufrieden.	1	2	3
2. Am Abend trinke ich gerne einen Drink zur Entspannung.	1	2	3
3. Ich fühle mich einfach müde.	1	2	3
4. Es lastet viel Druck und Verantwortung auf mir.	1	2	3
5. Ich kann mich nicht mehr richtig freuen.	1	2	3
6. Mich mit meinen Freunden zu treffen, ist mir zu anstrengend.	1	2	3
7. Ich bin oft gereizt und verärgert.	1	2	3
8. Ich nehme mir selten Zeit für ein entspanntes Mittagessen.	1	2	3
9. Ich sollte tausend Dinge gleichzeitig erledigen.	1	2	3
10. Ich bin körperlich erschöpft.	1	2	3
11. Ich fühle mich wertlos.	1	2	3
12. Ich trinke viel Kaffee oder konsumiere andere Aufputschmittel.	1	2	3
13. Meine Arbeit macht mir keine Freude mehr.	1	2	3
14. Ich weiß, ich muss etwas verändern, aber es ist jetzt nicht möglich.	1	2	3
15. Ich bin über andere verärgert oder fühle mich enttäuscht.	1	2	3
16. Es kommt mir alles so sinnlos vor.	1	2	3
17. Ich schlafe schlecht.	1	2	3
18. Ich bin innerlich zu unruhig, um ein Buch zu lesen oder einfach Musik zu hören.	1	2	3
19. Ich mache mir viele Sorgen.	1	2	3
20. Ich fühle mich einsam.	1	2	3
21. Ich habe Angst, etwas vergessen oder übersehen zu haben.	1	2	3
22. Meine Gesundheit macht mir Probleme.	1	2	3
23. Es wird zu wenig geschätzt, was ich alles leiste.	1	2	3
24. Ich kann mich auf meine KollegInnen/ meinen Partner nicht verlassen.	1	2	3
25. Obwohl ich mich bemühe, erreiche ich oft nicht das, was ich mir vorstelle.	1	2	3
26. Es ist mir alles zu viel.	1	2	3

Auswertung

Zählen Sie die angekreuzten Ziffern zusammen, die Summe gibt Ihren Burn-out-Wert an.

Bis 29: Sie sind nicht gefährdet und sorgen für eine ausgewogene Balance zwischen Arbeitsstress und Erholung.

30 bis 55: Sie zeigen bereits Anzeichen eines Burn-outs. Das Gleichgewicht zwischen Stress und Erholung ist nicht gegeben. Sie stehen unter Leistungsdruck und sind sehr engagiert. Erfolg und Anerkennung ist das, was Sie wollen, aber es läuft nicht so, wie Sie es sich vorgestellt haben. Nehmen Sie sich bewusst Zeit, kurz- und langfristige Veränderungen zu planen, die mehr Zufriedenheit und Lebensbalance ermöglichen.

Über 55: Sie leiden unter einem Burn-out-Syndrom. Veränderungen in Ihrem Lebens- und Arbeitsalltag sind dringend erforderlich. Suchen Sie sich professionelle Hilfe und entwickeln Sie neue Strategien und Ziele. Beginnen Sie *jetzt*.

II. Verlauf eines Burn-out-Syndroms

Alles beginnt mit großem Engagement und Ehrgeiz, mit viel Spaß an der Arbeit und Lust auf Erfolg. Durch ständigen Stress und starken Druck, Mehrfachbelastung, schlechte Arbeitsbedingungen und die Missachtung persönlicher Bedürfnisse und Grenzen kann sich diese Freude an der Arbeit jedoch in ein getriebenes «Ich muss» verwandeln. Werden die Signale des Körpers, die eigenen Frustrationen und die Warnhinweise der Partner und FreundInnen nicht ernstgenommen, kann dieser Prozess mit einem körperlichen und seelischen Zusammenbruch enden.

Wie entwickelt sich ein Burn-out?

Die Darstellung des Burn-outs in sechs Stufen ist eine verdichtete Beschreibung. Es müssen nicht alle Symptome auftreten und nicht jedes dieser Symptome muss unbedingt auf ein Burn-out hinweisen.

Beachten Sie auch, dass ein Burn-out-Prozess nicht linear verläuft, sondern nach einer Steigerung wieder zurückgehen kann, um dann nach einiger Zeit wieder auf eine höhere Stufe zu springen. Wie schnell der Sprung von einer Stufe zur nächsten erfolgt, kann ebenso variieren wie die Aufenthaltsdauer auf einer Stufe. Dies hängt davon ab, wie ausgeprägt Druck und Disstress jeweils sind. Wer schon einmal auf einer höheren Stufe war, kommt eher wieder dorthin als jemand, der gerade erst in das Burn-out hineingeraten ist. Einen Gewöhnungseffekt hinsichtlich Disstress gibt es nicht, ganz im Gegenteil: Je intensiver die Erfahrungen mit dem Burn-out-Syndrom, umso höher ist das Tempo hinein und umso länger dauert der Weg hinaus. Dennoch ist es zu jeder Zeit möglich, durch große oder auch durch kleine Veränderungen aus dem Prozess auszusteigen, selbst wenn Sie sich bereits auf einer höheren Stufe des Burn-outs befinden.

Verdrängung negativer Gefühle

Bevor Sie Schritte in diese Richtung unternehmen, prüfen Sie, inwieweit sich bei Ihnen bereits eines der Hauptmerkmale des Burn-out-Syndroms eingestellt hat. Im Burn-out schieben die Betroffenen ihre negativen Gefühle weit weg und ignorieren sie. Dieser Abwehrmechanismus erlaubt es, den Druck, die Frustrationen, die Angst um den Job und vor Fehlern, die Vereinsamung wegen der vielen Arbeit usw. auszublenden. Oftmals wird auch der Wunsch nach Erholung, Geselligkeit, Intimität oder einfach Zeit für sich selbst nicht wahrgenommen. Immer ist etwas anderes wichtiger, das Erfüllen eigener Wünsche und Träume wird auf später verschoben: «Wenn ich diesen Job gut erledigt habe, dann ...» oder «Wenn die Kinder groß sind und die Eltern nicht mehr gepflegt werden müssen, dann ...» «Zuerst die Arbeit, dann das Spiel», mit diesem Merksatz sind viele von uns aufgewachsen. Doch wenn das Spiel zu lange auf sich warten lässt, beginnt etwas in uns zu murren, wir fühlen uns unzufrieden und unglücklich.

Wenn Sie dieses innere Murren bei sich bemerken, haben Sie zwei Möglichkeiten, damit umzugehen:

1. Sie versuchen, den murrenden Teil ernstzunehmen und zu überlegen, was Sie brauchen würden, um wieder zufriedener und ausgeglichener zu werden, oder
2. Sie verdrängen alles, was sich nicht mit Ihrem Pflichtbewusstsein und beruflichen Engagement verträgt.

Burn-out-gefährdete Menschen wählen meist die zweite Strategie, da Arbeit und Leistung immer wichtiger sind.

Ganz typische Sätze, die derartige Verdrängungsstrategien stützen, sind:

- Mit der Zeit wird es besser werden.
- Ich brauche nur ein paar freie Tage und schon wird es mir wieder besser gehen.
- Ich sehe nicht erschöpft und müde aus.
- Ich habe keine negativen Gefühle, der Stress macht mir nichts aus.

Das Verleugnen beginnt im Kleinen: Kopfschmerzen werden aufs Wetter geschoben, die Müdigkeit am Morgen auf den Biorhythmus, kleine Notlügen besänftigen die FreundInnen und die Familie. Um die aufkeimende Einsamkeit nicht zu spüren, vergraben Sie sich in noch mehr Arbeit und aus dem Drink zur Belohnung am Abend wird ein Beruhigungsmittel, damit Sie endlich abschalten und einschlafen können. Das Wegschieben negativer Gefühle wird zur persönlichen Strategie, damit Sie noch mehr und noch länger arbeiten, sich noch mehr berufliche Verantwortung aufbürden, noch mehr tun und erledigen können. So entsteht das Gefühl, dass Sie stärker sind als die anderen, mehr aushalten, mehr Energie haben und gegen stressbedingte Erkrankungen gefeit sind usw. Sie haben ein berufliches Ziel vor Augen und sind fest entschlossen, dieses auch zu erreichen – koste es, was es wolle.

Leider bringen alle Strategien des Verdrängens – sei es der Griff zu Tabletten, das «Vergessen» negativer Erlebnisse im Arbeitsleben oder auch das Nichtwahrnehmen grundlegender Bedürfnisse wie Hunger, Durst, Intimität usw. – einen großen Nachteil mit sich. Dadurch, dass Sie sich nicht um sich kümmern, nicht das geben, was Ihre Psyche und Ihr Körper brauchen (Regeneration und Erholung), und damit einen Teil

Ihres Selbst ignorieren, entfremden Sie sich von sich selbst. So verstärkt sich das Gefühl, dass etwas in Ihrem Leben fehlt, immer mehr, dieses wird aber wiederum weggeschoben. Damit geraten Sie immer tiefer in den Strudel des Burn-outs.

Das Verleugnen von persönlichen Bedürfnissen kann noch eine Nebenwirkung haben, die Sie erst dann bemerken, wenn es zu spät ist. Sie haben den Wunsch nach Kindern oder erfüllter Partnerschaft immer wieder auf später verschoben, Reisen oder andere Leidenschaften und Hobbys sind auf Ihrer persönlichen Prioritätenliste immer wieder ganz nach unten gerutscht. Oder Sie haben nie darüber nachgedacht, was Ihrem Leben neuen Sinn geben würde, wenn die Kinder Sie nicht mehr brauchen. Und plötzlich müssen Sie feststellen, dass es für einige Ihrer Wünsche zu spät ist. Nutzen Sie diese Erkenntnisse, um innezuhalten und die eigenen Prioritäten im Sinn der aktuellen Lebensphase neu zu ordnen. Dazu gehört auch, Verlorenes zu betrauern und loszulassen, um den Weg für Wünsche und Pläne freizumachen, die jetzt möglich sind.

Exkurs: Verleugnung und Alter

Leistungsorientierte und engagierte Menschen übersehen leicht, dass die allgemeine Leistungsfähigkeit im Alter abnimmt. Gerade angesichts der längeren Lebensarbeitszeit ist eine sanfte Anpassung des eigenen Arbeitseinsatzes und der Erwartungen sinnvoll. Ist die Konkurrenz durch junge KollegInnen groß, Ihr Arbeitsplatz nicht sicher oder sind Leistung und Erfolg sehr wichtige persönliche Werte, kann es leicht sein, dass Sie körperliche und geistige Veränderungen nicht wahrnehmen wollen. Manche Menschen empfinden es als persönliche Kränkung, wenn sie Aufgaben nicht mehr so gut meistern können wie früher. Doch es hilft nichts, sich selbst unter Druck zu setzen, wenn die Konzentration schwindet oder der Verstand nicht mehr so aufnahmebereit ist wie früher. Oft kommen auch noch die Folgen langjähriger Überlastung hinzu.

Erst wenn Sie akzeptieren, dass Ihnen einiges nicht mehr so locker von der Hand geht wie noch vor 20 Jahren, können Sie erkennen, was heute viel besser läuft. Ihre Lebenserfahrung und vielfältigen Kompetenzen, Ihre größere Souveränität und Gelassenheit und vieles andere mehr sind wertvolle Stärken und Fähigkeiten. Überdenken Sie in diesem Zusammenhang Ihre Werte und Prioritäten und bewerten Sie sie neu. Denn wenn Sie Ihre eigenen Grenzen nicht wahrnehmen und auf positive Weise akzeptieren, kann es sein, dass Ihr Körper nicht streikt. Herzinfarkt oder schwere Magen-Darm-Erkrankungen sind Notsignale, dass die Belastung zu hoch ist.

Zu jeder Zeit, aber vor allem ab dem 40. Lebensjahr ist es wichtig, immer wieder innezuhalten und zu überprüfen, ob die eingeschlagene Richtung im Leben noch stimmt. Jede Lebensphase setzt andere Prioritäten im Hinblick auf Werte und Ziele. Daher ist immer wieder eine Kurskorrektur in der Balance unserer Ansprüche und Bedürfnisse nötig. In ein Burn-out zu rutschen, ist vergleichbar damit, einen Weg einzuschlagen, der nicht in die richtige Richtung führt. In jedem Überlebenshandbuch finden Sie den Rat, sich hinzusetzen und erst einmal ganz in Ruhe zu überlegen, wie die nächsten Schritte aussehen könnten, wenn man sich verirrt hat oder sich des Weges nicht mehr sicher ist. Und möglicherweise stellen Sie dabei zum ersten Mal fest, wie schön die Umgebung um Sie herum tatsächlich ist.

«Das ist nun mal so, da kann ich nichts ändern»

Wer sich schon einmal im Wirbel eines Burn-out-Syndroms befunden hat, kennt das Gefühl, nichts an der Situation verändern zu können, nur zu gut. Die eigene Lebens- und Arbeitssituation wird als unveränderlich eingestuft. Viele Menschen bremst zudem die Angst, alles aufgeben zu müssen, um dem Burn-out zu entkommen. Doch das ist nicht immer notwendig, denn in den allermeisten Fällen gibt es mehr Möglichkeiten, positive Veränderung herbeizuführen, als auf den ersten Blick sichtbar sind.

Sie haben ja bereits gelesen, dass die scheinbare Gewissheit, sowieso nichts ändern zu können, zum Burn-out gehört. Vielleicht empfinden Sie auch einen großen Leidensdruck und beklagen sich immer wieder bei Ihren FreundInnen oder KollegInnen. Und trotzdem erscheint Ihnen jede Idee zur Veränderung als völlig undurchführbar. Sätze wie die folgenden sind Ihnen dann bestimmt vertraut:

- In diesem Job ist es einfach so stressig.
- Mein Chef wird sich niemals ändern.
- In anderen Jobs ist es auch nicht besser.
- Für eine Alleinerziehende hört die Arbeit nie auf.
- Es kümmert sich doch sonst niemand um meine kranke Mutter.

Lassen Sie sich nicht von den negativen Gefühlen – auch sich selbst gegenüber – einfangen, sondern gehen Sie den ersten Schritt: Analysieren Sie Ihre Lebenssituation und erkennen Sie, wie viel Sie leisten und wie groß die täglichen Anforderungen an Sie sind. Da ist es kein Wunder, dass der ausgleichende Faktor Entspannung zu kurz kommt.

Halten Sie sich auch nicht mit Selbstvorwürfen und mit Selbstzweifeln auf, sondern forschen Sie neugierig nach den Ursachen Ihres Burn-outs und überlegen Sie gemeinsam mit anderen Menschen, welche Veränderungen Ihnen dabei helfen, Ihre Lebensqualität wieder zurückzugewinnen. Auch wenn diese Umstellung auf den ersten Blick nicht immer leicht ist, die Mühe lohnt sich!

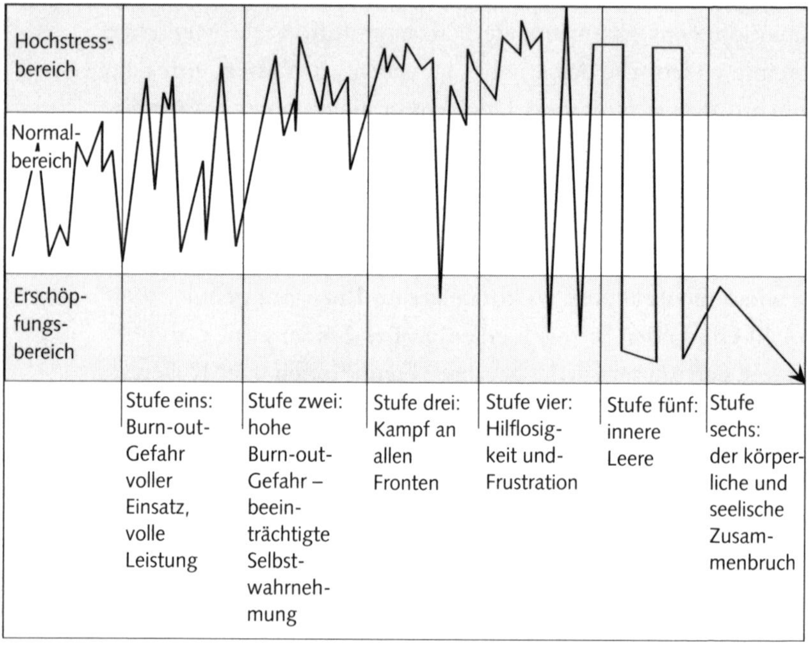

Abbildung 1: Die sechs Stufen des Burn-outs anhand des erlebten Stressniveaus

Stufe eins: Burn-out-Gefahr – voller Einsatz, volle Leistung

Eine typische Situation, in der voller Einsatz und volle Leistung gebracht werden, sind die ersten Monate in einem neuen Job oder einer neuen Abteilung. Sie sind sehr glücklich über die neue Stelle oder die Versetzung und wollen allen zeigen, dass Sie Ihre neuen Aufgaben bestens erfüllen. Dabei sind Sie sehr engagiert und wollen neue Ideen einbringen oder Missstände beseitigen. Sie packen überall an und versuchen in kurzer Zeit, alles rund um den neuen Aufgabenbereich zu erlernen. Bereitwillig leisten Sie Überstunden in der Hoffnung, dass sich die Arbeitszeit nach der Einarbeitungsphase wieder normalisieren wird.

Während einer solchen Phase besteht grundsätzlich noch keine Burn-out-Gefahr. Erst dann, wenn die anstrengende Einarbeitungszeit fließend in die stressige Projektarbeit übergeht, deren Ende realistischerweise nicht absehbar ist, sollten Sie achtsam sein. Das gilt auch, falls immer offensichtlicher wird, dass Aufgabenstellungen und Zielvorgaben nicht nur Ihnen, sondern auch Ihrer beziehungsweise Ihrem Vorgesetzten unklar sind. Oder wenn Ihre Ideen von KollegInnen oder Führungskräften blockiert werden oder Sie immer wieder mit der Angst kämpfen, Fehler zu machen oder nicht gut genug zu sein. Achten Sie auch darauf, ob Sie Arbeiten übernehmen, die eigentlich nicht in Ihren Aufgabenbereich fallen, weil Sie hilfsbereit und kooperativ erscheinen wollen oder weil einfach zu wenig Personal da ist.

Solche Arbeitsumstände begünstigen die Entstehung eines Burn-outs. Ihnen als Newcomerin fehlt es in dieser Situation an Erfahrung, wann Sie Nein sagen müssen. Hinzu kommt, dass auch die KollegInnen überlastet sind und alle ungeliebten Aufgaben sehr gerne an Sie weiterreichen. So besteht große Gefahr, dass Sie plötzlich vor einem Berg an Arbeit sitzen, der nicht mehr zu bewältigen ist. Meist dauert es einige Zeit, bis klar wird, dass und wo Sie Grenzen ziehen müssen. Niemand wird dies für Sie übernehmen und wenn Sie jemand sind, die anderen gefallen möchte oder nett sein will, wird Ihnen die Abgrenzung sicher schwerfallen.

Eine Gefährdung der Stufe eins kann sich aber auch einstellen, wenn Sie mehrere persönliche Risikofaktoren mitbringen, die sich gerade in der Einarbeitungsphase verstärkt auswirken. Sind Sie zum Beispiel jemand, die immer Angst hat, nicht gut genug zu sein und Fehler zu machen? Dann werden Sie Ihre Arbeit immer wieder kontrollieren und auf 120 Prozent genau arbeiten, egal wie lange Sie dafür brauchen. Auch das innere Abschalten vom Job fällt schwer, da zu Hause die Gedanken immer weiterlaufen: Habe ich nichts vergessen? Habe ich mich richtig entschieden? Oder: Wie löse ich dieses oder jenes Problem? Der Kopf überlegt und es rattert weiter, beim Einschlafen genauso wie beim Aufwachen. Viele private Gespräche drehen sich um berufliche Themen. Der Job steht im Mittelpunkt des Lebens.

Eine andere typische Situation auf dieser Stufe erleben Frauen mit Mehrfachbelastung durch Kinder oder Pflegeaufgaben. Der eigene Anspruch, volle Leistung im Job zu bringen und eine perfekte Mutter zu sein, kann Frauen, die nur wenig Unterstützung erfahren, systematisch in ein Burn-out führen. Bei alleinerziehenden Müttern kommen noch existenzielle Ängste dazu. Ihren Job zu verlieren, können sich viele dieser Frauen nicht leisten. So versuchen sie, durch verstärkten Einsatz die begrenzte Verfügbarkeit auszugleichen. Und nach der Arbeit geht es gleich weiter. Es bleibt keine Zeit zum Entspannen, diese Frauen sind sofort wieder gefordert: Sie müssen einkaufen, kochen, den Kindern Aufmerksamkeit schenken, mit ihnen Hausaufgaben machen und die Wohnung in Ordnung halten. Die Situation ist nicht unbedingt leichter, wenn es einen Partner gibt. Nur wenige sind bereit, im ausreichenden Maß Verantwortung für die täglich anfallenden Aufgaben zu übernehmen. Halbe-halbe, wenn es um Haushalt und Kinderbetreuung geht, ist in vielen Beziehungen leider immer noch pure Theorie.

Auch wenn zum Beispiel ein Familienangehöriger krank und dessen Pflege übernommen wird, kann die Balance von Anstrengung und Erholung völlig durcheinandergeraten. Leider ist es immer noch so, dass in den allermeisten Fällen Frauen die Hauptverantwortung bei der Pflege übernehmen. Damit tragen sie nicht nur die seelische Belastung, sondern verkürzen die Zeit, die eigentlich für persönliche Bedürfnisse und Erholung eingeplant war. Der Zeitplan wird noch voller, persönliche

Anliegen und Bedürfnisse werden auf später verschoben. Wenn dieser Zustand zu lange anhält, droht ein Burn-out.

Wenn Sie sich auf der ersten Burn-out-Stufe befinden, fühlen Sie sich noch sehr gut. Sie machen ohne zu murren Überstunden und können Ihre Aufgaben klar umreißen und in absehbarer Zeit auch bewältigen. Damit hoffen Sie, Bestätigung und Anerkennung zu erreichen. Für Sie ist es kein Problem, Persönliches eine Zeitlang zurückzustellen und das Privatleben auf ein minimales Maß zu reduzieren. Von Ihrem Partner erwarten Sie Verständnis, auch mit dem Argument, dass die arbeitsreiche Phase ja wieder vorbeigeht.

Die Zeit für Freunde und Spaß ist knapp, aber auch das wird nicht als Defizit erlebt. Im Vordergrund steht das Gefühl, dass dies nur vorübergehend so sein wird. Typisch ist ein eher auf Ruhe und Entspannung ausgerichtetes Freizeitverhalten. Es kann allerdings zu einem höheren Alkohol-, Nikotin- oder Kaffeekonsum kommen, der sich aber noch in einem unauffälligen und vor allem sozial akzeptierten Rahmen bewegt. In dieser Situation ist es für Sie undenkbar, Ihren Arbeitseinsatz zu verringern, weil Arbeit und Stress Spaß machen und Sie erfolgreich sein wollen. Warnende Hinweise von FreundInnen oder dem Partner werden eher als lästige Einmischung verstanden und nicht als berechtigte Sorge.

Ursachen und Hintergründe

Die treibende Kraft auf Stufe eins ist der Wunsch, sich zu beweisen und Anerkennung von anderen für die eigene Leistung zu bekommen. Es besteht eine innere Verpflichtung, die hohen Anforderungen zu bewältigen, auch wenn dabei jedes vernünftige Maß überschritten wird. Die Leistungsanforderung an sich selbst liegt auf sehr hohem Niveau. Dieser hohe Anspruch wird durch das Betriebsklima, die Vorgesetzten oder die Teamkultur bestätigt oder sogar gefordert und als Norm festgelegt. Unter solchen Bedingungen wird jedes Infragestellen dieser Messlatte als Zeichen persönlichen Versagens gewertet und im Konkurrenzkampf zwischen den Kollegen als Waffe eingesetzt.

Sie haben sich vorgenommen, Ihren Platz im neuen Team finden, sich Anerkennung und Respekt zu erarbeiten und allen zu zeigen, was Sie draufhaben. Und wenn die Norm im Team besagt, dass nur die wichtig ist, die bis zum Umfallen arbeitet, dann werden Sie genau dies tun. Da Frauen weniger routiniert im Bereich der Selbstdarstellung sind, versuchen Sie vor allem mit realer Leistung zu punkten, während viele Männer durch geschickte Selbstpräsentation scheinbar gute Leistungen erbringen ohne sich völlig auszupowern. Sie versuchen, durch vollen Arbeitseinsatz den Erwartungen gerecht zu werden, und in dieser ersten Stufe haben Sie die Hoffnung, dass Ihnen das auch gelingen kann.

Ansätze für Veränderungen

Wenn Sie das erste Mal auf dieser Stufe sind, werden Sie kaum zu bremsen sein – zu verlockend sind die Aussichten auf Erfolg und Anerkennung trotz aller Anforderungen. Wenn Sie aber erkennen, dass Ihre aktuelle Lebenssituation ein Burn-out begünstigt, dann können Sie mithilfe Ihrer Vernunft eingreifen und dem selbstfürsorglichen oder genussorientierten Teil Ihrer Persönlichkeit mehr Raum geben.

Selbst wenn Sie davon ausgehen, dass die derzeit anstrengende Phase nur kurz andauert, sollten Sie Ihre Erholung genau so planen, als wenn sie sehr lange anhalten würde. Wenn sich die stressige Situation dann länger als erwartet hinzieht, verfügen Sie auch später noch über genug Reserven. Teilen Sie Ihre Kräfte gut ein und gehen Sie pfleglich mit sich um. Reservieren Sie mindestens einen Abend in der Woche für private

Vergnügungen und gehen Sie an diesem Tag pünktlich aus dem Büro, egal wie viel unerledigte Arbeit noch auf Sie wartet. Halten Sie außerdem mindestens einen Tag am Wochenende völlig arbeitsfrei und unternehmen Sie etwas, das Ihnen Freude macht. Überlassen Sie die Freizeitgestaltung aber nicht dem Zufall, denn ohne Planung werden berufliche Angelegenheiten – durchaus mit vielen überzeugenden Argumenten – immer wieder den Vorrang bekommen.

Wichtig ist es auch, zu überprüfen, ob Sie in Ihrem Job konkrete Ziel- und Zeitvorgaben haben. Ist dies nicht der Fall, sorgen Sie für genaue Absprachen, um Frustrationen zu vermeiden. Sehen Sie sich Ihre Jobbeschreibung immer wieder an, damit Sie die Grenzen Ihres Arbeitsbereichs genau kennen. Ihre KollegInnen werden Sie nur in den seltensten Fällen darin unterstützen, diese Grenzen durchzusetzen. Als erste Maßnahme empfehle ich, im beruflichen als auch im privaten Bereich zunächst zwei Aufgaben an jemand anderen zu delegieren, um sich selbst zu entlasten.

Prüfen Sie darüber hinaus immer wieder Ihre Motivation. Vielleicht entdecken Sie, dass Sie jemandem etwas beweisen wollen. Ist Ihr Wunsch nach Anerkennung denn überhaupt erfüllbar? Seien Sie ganz ehrlich zu sich selbst, Sie können Ihre Erkenntnisse ja für sich behalten. Falls Sie feststellen, dass die Erfolgsaussichten minimal sind, können Sie gegensteuern. Betreiben Sie auch ein persönliches Energiemanagement: Hinterfragen Sie, wie hoch Ihr Leistungsanspruch ist. Leisten Sie 120 Prozent gute Arbeit oder sogar noch mehr? Überprüfen Sie, ob 100 Prozent oder weniger nicht auch genügen würden. Vielleicht lässt sich Ihr Einsatz je nach Aufgabengebiet aufsplitten: In welchem Bereich könnten Sie ihn deutlich herunterschrauben und wo wäre es nicht so sinnvoll? Fast immer gibt es Aufgaben, die mit einem Einsatz von 80 oder 60 Prozent gut zu erledigen sind – schließlich muss nicht alles perfekt sein.

Stufe zwei: hohe Burn-out-Gefahr – beeinträchtigte Selbstwahrnehmung

Kennzeichen von Stufe zwei ist, dass die eigenen Bedürfnisse nach Ruhe und Entspannung immer mehr zur Seite geschoben werden. Angenehme soziale Kontakte werden als weniger wichtig eingestuft, da sie Zeit kosten. Ruhe und Entspannung würden Ihnen sicher guttun, aber Sie entscheiden sich dafür, dass es in der jetzigen stressigen Phase ohne gehen muss.

Das Verlangen nach Sexualität tritt seltener auf, da Sie meist zu müde und erschöpft sind und Ihr Kopf immer wieder zur Arbeit zurückkehrt. Ihre Gedanken kreisen um alle noch zu erledigenden Aufgaben – beim Zähneputzen, im Auto, beim Essen – und darum, ob Sie nicht etwas vergessen haben oder wie Sie ein bestimmtes Problem lösen könnten. Der Alkohol wird zu einem lieben Freund, der dabei hilft, in den kurzen Entspannungsphasen auch wirklich abzuschalten. Daran, den Konsum von Nikotin und Kaffee zu verringern, ist zurzeit gar nicht zu denken, im Gegenteil.

Auf dieser Stufe können schon Schlafstörungen auftreten, und zwar sowohl Einschlaf- als auch Durchschlafstörungen. Immer häufiger wird zu Medikamenten gegriffen, die den dringend notwendigen Schlaf erlauben. Im Großen und Ganzen fühlen Sie sich noch recht wohl, wenn Sie sich auf dieser Stufe befinden. Eine Veränderung bei Ihrer derzeitigen Aktivität würden Sie als unangenehm empfinden und mit mangelnder Tüchtigkeit assoziieren. Die kleinen Fehler und Fehlleistungen, die sich im Stress immer wieder einschleichen, werten Sie nicht als Warnhinweise, sondern Sie schreiben sie einfach der Überlastung zu oder verdrängen sie ganz. Sie vergessen Termine oder sind unpünktlich, haben nicht alle Unterlagen dabei oder schicken eine E-Mail an die falsche Adresse. Zwar sind dies kleine Fehler, die keine schlimmen Auswirkungen haben, aber die Angst davor, weitere Fehler zu machen, steigt. Erst dann erkennen Sie, dass Sie gar keine Reserven mehr haben, um sich wieder zu stabilisieren. Ihnen bleibt also kaum etwas anderes übrig, als diese Fehlleistungen zu verdrängen und damit auch die kleinen Fingerzeige Ihrer Psyche wegzuschieben.

Ihre Seele schreit immer wieder auf, aber Sie sind noch nicht bereit, hinzuhören. Auf dieser Stufe sind bereits einige Anstrengungen erforderlich, um all die unangenehmen Gefühle und das körperliche Unwohlsein nicht wahrzunehmen. Doch Sie wollen erfolgreich sein und anderen beweisen, dass Sie etwas können – da sind solche Warnhinweise nur hinderlich und passen nicht zu Ihren persönlichen Zielvorstellungen. Erfolg und berufliche Notwendigkeiten haben große Priorität und das wollen Sie wegen eines kleinen Unwohlseins und diverser Fehlleistungen nicht infrage stellen.

Ursachen und Hintergründe

Wurde über einen längeren Zeitraum viel Engagement und hoher Einsatz aufgebracht, sollte darauf eine Phase der Normalisierung und Entspannung folgen. Fehlt diese Erholung, entwickelt sich Stufe zwei eines Burn-outs. Dies ist zum Beispiel dann der Fall, wenn immer wieder neue Herausforderungen an Sie herangetragen werden, ohne dass Sie einmal richtig entspannen und sich erholen konnten. Der Druck von außen bleibt konstant hoch. Aber noch verfügen Sie über genug Reserven, um am Ball zu bleiben. Noch überwiegen die positiven Gefühle, wenn das eigene Handeln von Erfolg gekrönt ist und das Selbstwertgefühl bestätigt wird. Auch wenn das Ergebnis nicht immer so ausfällt wie gewünscht, liegen Erfolg und Anerkennung doch in greifbarer Nähe.

Hinzu kommt, dass in einigen Branchen voller Einsatz und das Über-die-eigenen-Grenzen-Gehen positiv gewertet werden. Damit wird die Wichtigkeit und die moralische Integrität innerhalb des Teams bestimmt. Die Regel lautet: Wer sich einsetzt und viele Aufgaben übernimmt, stellt Engagement und Idealismus unter Beweis und wird in der Gruppe anerkannt. Unter dem Druck und der Belastung zu leiden, ist durchaus ein verbindendes Element und erwünscht. Wenn dann noch die Angst um den Arbeitsplatz dazukommt, verstärkt sich das Bedürfnis, sich als wichtige und engagierte Mitarbeiterin in der Gruppe zu positionieren. Dieser soziale Druck, der Überarbeitung unterstützt, ist in vielen, vor allem in sozialen Einrichtungen ein Tabuthema. Auf diese Weise wird eine pragmatische Analyse der Veränderungsmöglichkeiten, die der Entlastung der MitarbeiterInnen dienen würde, erschwert.

Ansätze für Veränderungen

Ein erster Schritt kann darin bestehen, dass Sie, wenn Sie neu in einen Job eingestiegen sind oder den Arbeitsplatz gewechselt haben, ganz bewusst wieder von Enthusiasmus auf Normalmodus umschalten. Mit Routine und vertrauten Regeln lassen sich Stress und Druck nach der Einarbeitungszeit wieder reduzieren.

Sie arbeiten in einem Betrieb oder einer Organisation, in der Überlastung zum guten Ton gehört? Dann schauen Sie einmal genau hin: Übertreiben manche MitarbeiterInnen mit einer guten Selbstpräsentation vielleicht ein wenig ihre Stressbelastung, um sich einen gewissen Freiraum für Routinen und Normalität zu verschaffen? Wenn Sie allein durch gute Leistung punkten wollen, scheuen Sie sich nicht, zu ergründen, ob so viel Ehrlichkeit langfristig Ihrer Gesundheit und Ihrer Lebensqualität zuträglich ist. Vielleicht besteht auch die Möglichkeit, diese Gruppennorm mit allen gemeinsam kritisch zu hinterfragen. Das wäre natürlich sinnvoller, doch wird hier gerne abgeblockt. Versuchen Sie es trotzdem.

Wenn Sie sich auf der zweiten Stufe befinden, stärken Sie Ihre realistische Selbsteinschätzung, damit Sie nicht immer noch mehr Arbeiten übernehmen. Mit einer klaren Projekt- und Zeitplanung erkennen Sie ganz genau, ob Sie überhaupt noch Zeit haben, ein weiteres Projekt zu bewältigen. Vielen engagierten Frauen hilft es, ihre Zeitressourcen zu visualisieren, damit sie nicht mit dem Satz «Es wird schon irgendwie gehen» in die Überarbeitungsfalle tappen.

Auf der zweiten Stufe verspüren Sie noch keinen großen inneren Druck. Sie sehen keinen Grund, mehr auf die Balance von Stress und Entspannung zu achten. In dieser Situation sind Ihre Erfahrungen und die pragmatische Einschätzung, wie es um Ihren Energiehaushalt bestellt ist, notwendig, damit Sie sich bewusst zurückzunehmen, Aufgaben delegieren oder Termine verschieben. Gutes Zeitmanagement, klare Aufgabenstellungen und bewusste Freizeitgestaltung helfen, dass Sie nicht eine weitere Stufe des Burn-outs erklimmen.

Stufe drei: Kampf an allen Fronten

«Wenn man in die falsche Richtung läuft, hat es keinen Zweck, das Tempo zu erhöhen», erkannte Birgit Breuel, Generalkommissarin der Expo 2000. Und dennoch ist es genau das, was Sie versuchen, wenn Sie auf Stufe drei eines Burn-outs angelangt sind. Sie erhöhen Ihren Einsatz noch einmal, damit trotz der Müdigkeit und all der Hindernisse alles so ausgeht, wie Sie es von sich erwarten. Typische Situationen sind: Sie waren mit zu vielen Projekten beschäftigt und diverse Komplikationen haben den Arbeitsaufwand vervielfacht. Oder: Nach einer Umstrukturierung müssen Sie sich auf eine völlig neue Situation einstellen und gleichzeitig die alten Aufgaben abschließen. Aufgrund der Konkurrenzsituation in der Abteilung trauen Sie sich nicht, Ihren Einsatz und das Überengagement zu verringern.

Ist ein solcher Zustand erreicht, lassen sich die mittlerweile starken Ermüdungserscheinungen und deutlichen Frustrationsgefühle nicht mehr wegleugnen, selbst wenn Sie es versuchen. Sie empfinden soziale Kontakte immer öfter als belastend und lästig, weil Sie sie wie einen zusätzlichen Termin betrachten. Es wird immer schwieriger, die häufiger auftretenden Fehlleistungen und die oft bleierne Müdigkeit zu ignorieren. Ihre Wahrnehmung trübt sich, Sie stumpfen ab und vieles wird Ihnen egal. Mitgefühl und echtes Interesse bei der Betreuung von PatientInnen oder beim Kundenkontakt gehen immer wieder verloren, stattdessen werden Sie ungeduldig und sogar zynisch. Abwertende Gedanken und Bemerkungen nehmen immer mehr Platz ein, ganz so, als wäre Ihr Herz in all dem Stress hart geworden. Eine solch schwierige Situation anzuerkennen und Veränderungen einzuleiten, kann zusätzlich erschwert werden, wenn nach außen hin alles wunderbar und perfekt zu sein scheint. Die erfolgreiche eigene Firma, ein netter Partner und liebenswerte Kinder scheinen auf ein glückliches Leben hinzuweisen, nur fühlen Sie sich ganz anders.

Auf dieser Burn-out-Stufe beginnen Sie, sich von Ihrer Umwelt abzukapseln. Immer öfter reagieren Sie mit Zynismus und aggressiven Abwertungen auf Ihre Mitmenschen, Ungeduld und Intoleranz sind nur schwer unter Kontrolle zu halten. Ihre KollegInnen gehen Ihnen auf die Nerven und jede Fehlleistung von anderen empfinden Sie als einen persönlichen Angriff, der es Ihnen noch schwerer machen soll. Sie gehen immer wieder in die Luft, weil die anderen zu langsam, zu begriffsstutzig, zu stur, zu unkooperativ, zu eigenwillig sind. Für gemütliches Plaudern mit KollegInnen ist längst keine Zeit mehr und auch der Kontakt mit den PatientInnen oder KundInnen beschränkt sich auf notwendige und funktionelle Aspekte.

Auf Stufe drei werden weitere reale Leistungseinbußen sichtbar. Sie vergessen Termine oder kommen zu spät. Sie lassen Ihre

Unterlagen oder Ihren Laptop irgendwo liegen oder brauchen für an sich vertraute Tätigkeiten viel länger als früher, weil sich immer wieder Missgeschicke oder Fehler einschleichen. Sie müssen noch mehr Überstunden machen, damit Sie Ihre Arbeit schaffen. Gleichzeitig finden Sie immer Gründe und Entschuldigungen dafür, die nichts mit Ihnen zu tun haben. Ein anderer hat vergessen, Sie über den Termin zu informieren, oder Sie wurden abgelenkt oder der Wecker, der Stau, andere MitarbeiterInnen sind schuld, dass Sie nicht zur Stelle waren.

Zu diesem Zeitpunkt treten bereits deutliche körperliche Symptome auf. Magen- und Darmbeschwerden, Kopfschmerzen, schmerzhafte Verspannungen im Rücken bis hin zum Bandscheibenvorfall sind Anzeichen dafür, dass Sie aus dem Gleichgewicht sind. Sie schlafen schlecht, weil ärgerliche oder ängstliche Gedanken in Ihrem Kopf rotieren. Sie formulieren Zurechtweisungen oder Rechtfertigungen und malen sich Schreckensszenarien für den nächsten Tag aus, anstatt die notwendige Entspannung und Erholung im Schlaf zu finden.

Fragen und Selbstzweifel mehren sich: Bin ich gut genug? Wieso schaffe ich es nicht, alles unter einen Hut zu bringen? Sie fangen an, darüber nachzudenken, ob sich der ganze Einsatz lohnt und ob er von anderen auch genug gewürdigt wird. Immer stärker wird das Gefühl, dass es so nicht weitergehen kann. Aber Sie haben keine Zeit, sich weiter damit zu beschäftigen, sondern Sie strengen sich noch mehr an, um endlich den Punkt zu erreichen, ab dem es wieder leichter wird. Aber dieser Punkt will und will nicht kommen.

Ursachen und Hintergründe

Sie bemerken, dass sich Ihre Vorstellungen nicht umsetzen lassen oder dass alles so viel anstrengender und zeitaufwendiger ist, als Sie es sich vorgestellt haben. Aber noch möchten Sie innerhalb Ihres inneren Systems eine Lösung finden. Sie geben sich noch mehr Mühe und versuchen, noch effizienter zu arbeiten, damit sich der erwünschte Erfolg einstellt oder Sie Ihre Aufgaben doch noch bewältigen können. Das Verdrängen und Verleugnen der Enttäuschungen und der Selbstzweifel werden jetzt zu einer ganz wichtigen Strategie. Durch die Weigerung zu sehen, wie erschöpft und frustriert Sie in Wirklichkeit sind, bleiben Sie auf dem eingeschlagenen Weg. Aber die Angst zu versagen, Ihre Arbeit nicht zu schaffen oder nicht gut genug zu sein, all das lauert bereits knapp unter der Oberfläche. Da die Angst vor der Auseinandersetzung mit diesen Gefühlen zu groß ist, suchen Sie nach anderen Möglichkeiten, alles wieder in den Griff zu bekommen.

Zusätzlich tun Sie alles, damit die Menschen in Ihrer Umgebung nicht merken, dass Sie bereits am äußersten Limit laufen. So setzen Sie immer öfter Verschleierungstechniken ein, um Ihren sozialen und emotionalen Rückzug zu rechtfertigen und zu vertuschen. Die Energie, die Sie dadurch sparen, wollen Sie für die Bewältigung all Ihrer Aufgaben nutzen. Ihre Ungeduld ist ebenfalls ein Versuch, alle Hindernisse und Zeiträuber (mit Gewalt) aus dem Weg zu schaffen. Diese Strategie des rein funktionellen Denkens nimmt aber viel von der Freude und dem Spaß bei der Arbeit. Wenn für zwischenmenschliche Beziehungen keine Zeit mehr bleibt, geht viel von der Basis verloren, auf der Motivation, Bestätigung und gegenseitige Unterstützung wachsen.

Ansätze für Veränderungen

Sie haben das Gefühl, Sie können sich auf niemanden mehr verlassen, und stellen fest, dass Ihr Denken und Reden voller Zynismus und sehr abwertend ist? Dies sind bereits Folgen Ihres Burn-outs. Halten Sie innerlich inne und wählen Sie einen Ort oder einen Menschen aus, mit dem Sie Ihre Situation und Ihre Grundhaltungen überprüfen können. Vergleichen Sie, was Ihnen früher wichtig war und was es jetzt zählt. Erstellen Sie eine persönliche Prioritätenliste und schieben Sie den Kontakt mit FreundInnen wieder weiter nach oben. Entscheiden Sie sich bewusst dafür, etwas verändern zu wollen, und überlegen Sie sich den ersten kleinsten Schritt, wie zum Beispiel das Stärken eines sozialen Kontakts.

Übernehmen Sie keine weiteren beruflichen Aufgaben und tragen Sie auch Erholungsphasen und Freizeitaktivitäten in Ihren Kalender ein. Überprüfen Sie auch einmal ganz realistisch Ihre Ziele. Sind sie überhaupt mit gesundem Einsatz erreichbar? Liegt es tatsächlich in Ihrer Hand, ob Sie sie erreichen können oder nicht? Wenn Sie feststellen, dass Sie unrealistischen Vorstellungen folgen, dann passen Sie Ihre Ziele an die Gegebenheiten an. Ist das nicht möglich ist, definieren Sie neue Ziele – entweder allein oder gemeinsam mit Ihrem Team, der Familie oder den Vorgesetzten.

Stufe vier: Hilflosigkeit und Frustration

Nach und nach nehmen Sie sich immer weiter aus allen Beziehungen heraus. Jede Aufmerksamkeit der Umwelt, von der Familie oder FreundInnen wird als Angriff oder Vorwurf verstanden. Anfragen von KollegInnen begegnen Sie mit Misstrauen. Überall wittern Sie Intrigen und feindliche Absichten. Dieser starke Verlust des Vertrauens in Ihre Umwelt kann sich bis zu paranoiden Reaktionen und Denkmustern hin steigern. Akohol, Medikamente, Drogen, Essen und Sex werden verstärkt zur Ersatzbefriedigung genutzt.

Massive psychosomatische Symptome machen Ihnen den Alltag zusätzlich schwer, es treten unspezifische Schmerzen, Herzprobleme, Atemnot usw. auf. Nicht immer kann die konsultierte Ärztin oder der konsultierte Arzt eine manifeste Erkrankung feststellen. In diesem Fall bleiben Sie als Betroffene verunsichert und von der Medizin enttäuscht zurück. Daraufhin können sich selbstabwertende Gedanken wie «Ich hab eh nichts und bilde mir das ein» oder «Ich bin verrückt» einstellen. Oder die negativen Gefühle gegenüber den Menschen in der Umwelt verstärken sich: «Die anderen sind zu dumm oder zu unfähig, um zu erkennen, wie krank ich eigentlich bin.» Unter solchen Umständen ist es gut, wenn die Patientin auf eine sensible Ärztin oder einen sensiblen Arzt trifft. Sie oder er kann erklären, dass die Schmerzen sehr wohl da sind, aber die Ursachen nicht in einer körperlichen Erkrankung liegen, sondern Folgen von negativem Stress sind. Zu erfahren, dass Sie an einem Burn-out leiden, kann erleichternd sein, weil damit die Symptome erklärt werden. In vielen Fällen liegen aber bereits manifeste Erkrankungen wie Magengeschwüre oder Bluthochdruck vor.

Weiteres Kennzeichen der Stufe vier ist ein unglückliches Vor-sich-hin-Arbeiten. Sie haben keine Energie mehr, Lösungen für Probleme und Konflikte zu suchen. Hilfsbereit zu sein und sich in die Gedanken anderer einzufühlen, erleben Sie als Zeit- und Energieverschwendung. Sollten Sie selbst einmal spüren, dass diese Ignoranz nicht in Ordung ist, dann haben Sie alle Hände voll zu tun, um Ihr Verhalten vor sich selbst zu rechtfertigen.

Frauen, die es gewohnt sind, sich um alles zu kümmern, verstärken ihre Aktivitäten nach außen, aber innerlich sind sie distanziert und ohne Freude dabei. Diese Enttäuschung über sich selbst überdecken sie mit noch mehr Aktivität. Ähnlich wird mit dem aufkeimenden Schuldgefühl verfahren, das wegen der agressiven Gefühle anderen Menschen gegenüber entsteht.

Selbst wenn Sie bereits Stufe vier erreicht haben, werden Sie versuchen, andere zu überzeugen, dass Sie fit und einsatzbereit sind. Da Sie aber innerlich selbst nicht mehr daran glauben, übertreiben Sie Ihre Beteuerungen, was auf andere gekünstelt wirkt. Vieles kommt Ihnen fremd und fern vor. Sie erledigen die täglichen Anforderungen, weil Sie das Gefühl haben, es muss so sein. Das betrifft Einladungen, Sex und reicht bis zur Pflege Ihrer Kinder. Wo früher Freude und Engagement waren, herrscht jetzt das Gefühl der Verpflichtung und Notwendigkeit vor. Vielleicht spüren die Menschen in Ihrem Umfeld dies auch und beginnen verstärkt, Sie daraufhin anzusprechen. Sie aber blocken ab und ziehen sich noch weiter zurück. Sie glauben, dass niemand mehr Sie mag, doch im Grunde mögen Sie sich selbst nicht mehr.

Sie werden von starken Gefühlen wie Ärger, Verachtung, Hass, aber auch Einsamkeit und Ungeliebtsein überrollt. Ihre strikte Selbstkontrolle geht immer wieder verloren. Das wiederum verstärkt Ihre innere selbstkritische Stimme, was dazu führt, dass Sie strenger und rigider zu sich selbst sind als je zuvor. Mit unüberlegten Blitzaktionen versuchen Sie, Ihr Leben wieder in den Griff zu bekommen. Kündigung, eine schnelle Trennung, ein totaler Rückzug aus Ihrer Herkunftsfamilie oder der Entschluss, gerade jetzt mit dem Rauchen aufzuhören, bewirken jedoch nicht, dass Sie sich besser fühlen, im Gegenteil.

Genauso kann es sein, dass Ihre Selbstverachtung Sie in eine andere Richtung führt, Ihnen wird alles egal. Ihre Gesundheit ist nicht mehr wichtig, Sie trinken Alkohol ohne Reue und essen so ungesund wie noch nie. Diese resignierte und zynische Lebenshaltung breitet sich auf alle Lebensbereiche aus, aber Sie weigern sich, diese Veränderung bewusst wahrzunehmen. Sie finden, dass die Welt schlecht und ungerecht ist und Sie darauf nur adäquat reagieren.

Ursachen und Hintergründe

Stufe vier entwickelt sich häufig, wenn Veränderungen im Lebens- oder Arbeitskontext die üblichen Belastungen noch verstärken. Der Wechsel des Arbeitsplatzes, ein Umzug, die Trennung vom Partner, der Verlust einer oder eines nahen Angehörigen oder noch weniger Zeit für sich selbst, weil Sie eine oder einen Angehörigen pflegen oder der Partner erkrankt, all diese Geschehnisse können den Schritt in die nächste Stufe des Burn-outs bewirken. Je dramatischer oder wichtiger eine Veränderung erlebt wird, umso mehr Energie verschlingt sie und umso größer werden die bereits vorhandenen Belastungen.

Sie fühlen sich völlig überlastet und finden selbst keine Lösungen, wie Sie die Situation verändern können. Ihre Frustration und Hilflosigkeit versuchen Sie, vor Ihrer Umwelt zu verbergen, weil Sie sich dafür schämen, dass Sie nicht alles im Griff haben. Dies verstärkt den Rückzug aus dem sozialen Netz und damit von Orten, die Erholung und Abschalten ermöglichen. Um vor sich und anderen zu verbergen, dass Sie sich überfordert fühlen, ziehen Sie sich zurück, werden überheblich und zynisch. Vielleicht versuchen Sie sogar, die Schuld für dieses Unvermögen anderen in die Schuhe zu schieben, um Ihr angekratztes Selbstwertgefühl wieder aufzubauen. Es sind immer die anderen, die blöd und unfähig sind und damit alles erschweren. Aber diese Strategie, andere abzuwerten, um sich selbst besser zu fühlen, funktioniert nicht, denn in Ihrem Inneren wissen Sie ganz genau, dass Sie verzweifelt und ratlos sind.

Ansätze für Veränderungen

Haben sie erst einmal diese Stufe des Burn-outs erreicht, fragen sich viele Frauen, wie es überhaupt so weit mit ihnen kommen konnte – und ob sie nach einer angemessenen Erholungspause in den alten Job zurückkehren können. Denn das ursprüngliche Vertrauen in die eigenen Fähigkeiten ist erschüttert, die Überzeugung, alles schaffen zu können, verloren gegangen. Die Angst ist groß, dass die zur Verfügung stehende Energie in Zukunft nicht ausreichen wird. Dazu kommt der finanzielle Druck. Die in den Hochphasen erworbenen Luxusgüter oder tollen Wohnungen wollen erhalten werden. Doch wie soll das möglich sein, wenn die Betroffene später nicht mehr in anspruchsvollen Jobs arbeiten kann?

Doch bevor Sie sich jetzt ganz verrückt machen, hier ein sehr wichtiger Hinweis: Wenn Sie von einem Burn-out betroffen sind, heißt das noch lange nicht, dass Sie versagt haben. Sie müssen allerdings einen neuen Weg finden, wie Sie mit Ihren Energien haushalten. Zu verstehen, wie es zum Burn-out kommen konnte, ist wichtig und kann sehr entlasten. Schließlich hängt dies meist nicht mit mangelnder Kompetenz, sondern vielmehr mit unguten Firmenstrukturen zusammen. Wenn Sie hier weiterkommen wollen, holen Sie sich professionelle Hilfe, denn eine derartige Analyse ist allein kaum zu schaffen. Und der Blick von außen hilft dabei, die Umstände und Rahmenbedingungen einmal aus einer komplett anderen Perspektive zu betrachten.

Bedenken Sie auch, dass ein Burn-out vor allem für erfolgsorientierte und dynamische Frauen immer den Beigeschmack von Niederlage hat. Dieses Gefühl muss ganz bewusst verarbeitet werden, damit Sie gestärkt aus dem Prozess hervorgehen können. Vermeiden Sie während dieser Zeit auf jeden Fall aufputschende Medikamente sowie zu viel Alkohol und Kaffee. Suchen Sie sich einen Menschen, dem Sie keine heile Welt vorspielen müssen, sondern bei dem auch Ihre Verunsicherungen und Ängste willkommen sind. Nehmen Sie sich eine Auszeit und gönnen Sie sich so viel Erholung wie möglich. Überlegen Sie, was Ihnen früher Spaß gemacht hat, und bauen Sie diese Aktivitäten bewusst in Ihren Terminplan ein. Erlauben Sie es sich, berufliche Termine abzusagen oder Aufträge abzulehnen, wenn es zu viel wird. Und: Glauben Sie den Menschen, die Sie mögen, und nehmen Sie deren Sorge um Sie ernst. Denn tief in

Ihrem Inneren wissen Sie längst, dass es höchste Zeit ist, einen neuen Weg einzuschlagen.

Stufe fünf: innere Leere

Diese Stufe ist geprägt vom Verlust des Gefühls für die eigene Persönlichkeit, von einem Gefühl der inneren Leere, das bis zur Depression reichen kann. Sie fühlen sich wie ein Roboter, der nur mehr automatisch funktioniert, und Sie erleben Panikattacken und Angstzustände. Verzweiflung und Erschöpfung wechseln mit einem Gefühl des Abgestorbenseins. Selbst Suizidgedanken können auftauchen, weil Sie nicht mehr wissen, wie es weitergehen soll. Sie fühlen sich ausgehöhlt, ausgezehrt, mutlos und leer und fürchten sich vor Menschen. Diese Situation ist bereits sehr alarmierend.

Noch stärker als auf Stufe vier dominiert das ablehnende Gefühl gegenüber der eigenen Person und dem eigenen Körper. Vielleicht versuchen Sie, sich selbst gar nicht mehr wahrzunehmen. Tief in Ihrem Inneren spüren Sie, dass Sie an einer gefährlichen Grenze stehen, aber es ist so schwer, auf dieses Gefühl zu reagieren. Sie haben kaum mehr Kraft, sie reicht gerade noch, um die allernotwendigsten Anforderungen zu bewältigen.

Das starke Gefühl, dass Ihr Tun und Ihre Person sinnlos und nutzlos sind, befällt Sie immer wieder. Sie kommen morgens kaum mehr aus dem Bett – wozu auch, wenn alles sinnlos ist. Über das Leben nachzudenken, löst Angst aus, da nur düstere Gedanken und das Gefühl von innerer Leere auftauchen. Die Zuneigung zu Ihrem Partner oder zu Ihren Kindern spüren sie kaum noch. Berufliche oder private Erfolge haben keine Bedeutung mehr. Zudem hat Ihre Leistungsfähigkeit deutlich abgenommen, ohne Kraft und Motivation geht alles nur sehr mühsam von der Hand, es passieren viele Fehler und Sie brauchen für alles doppelt so lang wie sonst.

Die körperlichen Symptome sind ebenfalls nicht mehr zu verleugnen: Hautprobleme, Haarausfall und zitternde Hände lassen sich vor anderen nicht verstecken. Gesundheitliche Probleme, die schon vorher bestanden haben, zum Beispiel Herzbeschwerden, Gastritis oder Magengeschwüre, sind inzwischen chronisch geworden. Die Verletzungshäufigkeit steigt. Vielleicht versuchen Sie, die quälende innere Leere durch exzessive Ersatzbefriedigungen zu füllen. Doch damit dies noch wirken kann, müssen die Außenreize sehr stark sein.

Ursachen und Hintergründe

Dieses ausgeprägte Gefühl der inneren Leere ist extrem beängstigend. Daher müssen die Mittel, mit denen es unter Kontrolle gebracht oder aus dem Bewusstsein verdrängt wird, sehr stark sein. Die Betroffenen versuchen immer wieder, neue Kraft und Energie zu tanken, aber ihre Strategien sind ungeeignet und oft zusätzlich selbstschädigend. Exzessiver Sex zum Beispiel bringt kein lustvolles Erleben mehr, sondern ist eine verzweifelte Suche nach Empfindungen und einem Sich-selbst-Spüren können.

Psyche und Körper bewegen sich am absoluten Limit und beide senden Signale aus, die Sie auf dieser Stufe zum Umkehren bewegen sollen. Doch da Sie die eigenen Bedürfnisse so lange ignoriert haben, ist eine Art Mauer zwischen Ihrem bewussten Ich und Ihrer inneren Energie- und Emotionsebene entstanden. Anders ausgedrückt: All Ihre Gefühle und Bedürfnisse sind in das hinterste Zimmer Ihres inneren Hauses gesperrt worden und Sie finden den Schlüssel nicht mehr. Und genau diese Abwesenheit von Gefühlen und Bedürfnissen löst das Gefühl der tiefen inneren Leere aus. Vielleicht haben Sie früher gedacht, dass Ihre Wünsche und Bedürfnisse auf dem Weg zu Ihren Zielen nur stören. Doch jetzt bemerken Sie, dass Ihre Ziele sinnlos geworden sind, weil der emotionale Unterbau fehlt.

Auf körperlicher Seite bewirken der konstant hohe Stresspegel und die zu seltenen Erholungsphasen, dass die neuronalen Funktionssysteme ausfallen. Das heißt, dass die Steuereinheiten für Anspannung und Entspannung nicht mehr richtig funktionieren. In diesem Stadium ist die Versuchung groß, mit künstlichen Substanzen nachzuhelfen.

Ansätze für Veränderungen

Auch wenn Sie das Gefühl haben, dass Sinnlosigkeit und Leere Sie geradezu überfluten, können Sie auf jeden Fall zu sich selbst zurückkommen. Dazu brauchen Sie allerdings Unterstützung von außen. Wer erst zu diesem Zeitpunkt professionelle Hilfe in Anspruch nimmt, wird vorerst von der Arbeit Abstand nehmen müssen. Nur so entsteht der nötige Freiraum, um Alternativen und neue Strategien zu entwickeln. Da auch der Körper Erholung braucht, um wieder zu gesunden, ist es sinnvoll, in den Krankenstand zu treten. Gehen Sie daher ruhig zu Ihrer Hausärztin oder Ihrem Hausarzt und lassen Sie sich für einige Zeit krankschreiben.

Psychopharmaka sind als Erste-Hilfe-Maßnahme durchaus eine gute Idee, aber ohne begleitende Psychotherapie bekämpfen sie nur die Symptome. Derartige Medikamente wirken meist nicht sofort und benötigen eine Gewöhnungsphase. Die Betreuung durch eine gute Neurologin oder einen Neurologen ist unbedingt nötig, da nicht jedes Medikament bei jeder Frau gleich wirkt. Solche kurzfristigen Maßnahmen allein reichen jedoch nicht aus, auf jeden Fall sind auch langfristige Veränderungsstrategien vonnöten. Dabei hilft die Unterstützung einer Psychotherapeutin oder Burn-out-Beraterin. Gestehen Sie es sich zu, dass Sie in Ihrer aktuellen Situation professionelle Hilfe brauchen. Schließlich ist es keine Schande, etwas nicht allein zu schaffen.

Stufe sechs: der körperliche und seelische Zusammenbruch

Wer auf dieser Stufe gelandet ist, leidet an einer massiven Depression, die mit einer geistigen, körperlichen und emotionalen Erschöpfung einhergeht. Die Infektanfälligkeit ist sehr groß. Fast immer bricht eine Erkrankung des Herz-Kreislauf- oder des Magen-Darm-Systems aus und zwingt die Betroffenen in den Krankenstand oder gar zu einem Aufenthalt im Krankenhaus. Viele Frauen beschreiben ihren Zusammenbruch als einen Nervenzusammenbruch. Diese umgangssprachliche Bezeichnung passt gut zu den Gefühlen von Verzweiflung und Erschöpfung, die sich mit dem Gefühlen des Abgestorbenseins abwechseln. Suizidgedanken zeigen, wie dramatisch die Hilflosigkeit und die Unerträglichkeit der aktuellen Situation erlebt wird. Das innere System ist vollständig zusammengebrochen und starke Gefühle, Ängste und Not kommen wie eine Welle angerollt.

Kennen Sie das? Dann sind Sie richtig ausgebrannt. So forsch und energiegeladen Sie am Anfang ausgeschritten sind, so mühsam ist jetzt der kleinste Schritt. Sie wollen nichts mehr, nicht Ihre Arbeit, Ihre KollegInnen oder KlientInnen und auch sich selbst nicht mehr. Sie sind weder für sich selbst noch für andere zugänglich. Im schlimmsten Fall kann dieser emotionale Rückzug in totaler Apathie und Selbstaufgabe münden. Tritt ein weiteres belastendes Ereignis ein oder erhöht sich der Druck in der bestehende Situation, wirkt dies wie der Tropfen, der das Fass endgültig zum Überlaufen bringt, der Zusammenbruch ist unausweichlich.

Ursachen und Hintergründe

In diesem Stadium fällt Ihr Körper die nächsten Entscheidungen. Es liegt nicht mehr an Ihnen, ob Sie weitermachen oder sich eine Pause gönnen. Ihr Körper zwingt Sie zu einem Stopp, für ihn geht es ums Überleben. Daher blockiert er alle Versuche, weiterhin etwas zu leisten, selbst gegen die geringste Tätigkeit sträubt er sich. Er übernimmt die Kontrolle. Ihr psychisches System bricht zusammen, Sie können nicht mehr für sich selbst sorgen. Die Verantwortung für Sie müssen nun andere Menschen übernehmen. Sie werden Sie darin unterstützen, über die erste Phase des Zusammenbruchs hinwegzukommen.

Ansätze für Veränderungen

Wenn Sie Stufe sechs eines Burn-out-Symdroms erreicht haben, sind Sie nicht mehr in der Lage, Ihre Situation richtig einzuschätzen. Sie befinden sich mitten in einer großen Lebenskrise. Ihr aktueller Zustand ist als Notfall einzustufen und es muss *sofort* gehandelt werden.

Ein längerer Krankenstand lässt sich nicht umgehen. Je nach körperlicher Symptomatik ist auch ein Aufenthalt in einer Klinik, zum Beispiel auf einer psychosomatischen Station mit psychologischer Begleitung, notwendig. Wenn Selbstmordgedanken sich breitmachen, bedarf es außerdem suizidpräventiver Maßnahmen. Der Schwerpunkt einer solchen Krisenintervention liegt darauf, eine tragfähige Helferbeziehung aufzubauen und vorurteilslose Gespräche über Suizidgedanken und deren Hintergründe zuzulassen. Dieser Beistand ist für Angehörige und Partner aufgrund der emotionalen Nähe zu der Betroffenen nicht zu bewerkstelligen und muss aus diesem Grund von professioneller Seite geleistet werden. Kriseneinrichtungen, PsychotherapeutInnen oder Kliniken mit psychosomatischem oder psychiatrischem Schwerpunkt sind hier die besten AnsprechpartnerInnen. Zu diesem Zeitpunkt besteht echte Gefahr. Lassen Sie zu, dass andere für Sie handeln.

III. Gegen das Burn-out: Gefahr erkannt, Gefahr gebannt

Angesichts der erst neu geschaffenen beruflichen Möglichkeiten scheuen sich viele Frauen, ihre Unzufriedenheit mit ihrer Arbeit und dem enormen täglichen Stress zuzugeben. Sie befürchten, dass ihnen dies als Schwäche ausgelegt wird. Vorurteile wie «Wir haben es immer schon gewusst, Frauen sind für die harte Arbeitswelt nicht geschaffen» bewirken, dass Frauen oft nicht nur ihre eigenen Fähigkeiten unter Beweis stellen müssen, sondern generell die all ihrer Geschlechtsgenossinnen. Dieses Phänomen unterstützt, dass Frauen ihre Erschöpfung und Unzufriedenheit, die durch private Pflichten noch verstärkt wird, lieber verleugnen. So rutschen sie nach und nach unbemerkt in ein Burn-out.

Viele Frauen erleben diese Entwicklung als persönliche Niederlage und sie sind Weltmeisterinnen darin, die Schuld immer erst bei sich selbst zu suchen. Genau diese Kombination stellt sie vor eine unlösbare Aufgabe. Schließlich leben sie in einer Umwelt, die sie in vielen Bereichen nicht geschaffen haben, und damit unter Bedingungen, für die sie nicht allein verantwortlich sind. Das bringt es mit sich, dass es Faktoren in allen Lebensbereichen gibt, die die Entwicklung eines Burn-out-Syndroms begünstigen. Wenn Sie diese kennen und für sich selbst identifizieren, können Sie sowohl in der Arbeitswelt als auch im privaten Lebensbereich die Gestaltungsspielräume, die Ihnen offenstehen, bis an die äußerste Grenze zu Ihren Gunsten nutzen.

Begünstigende Faktoren im Arbeitsleben

Die Rahmenbedingungen in der Arbeitswelt haben sich in den letzten Jahrzehnten sehr verändert. Es gibt keine lebenslange Jobgarantie mehr, neue Technologien und der immer stärkere Kosten- und Rationalisierungsdruck haben den Arbeitsalltag nicht nur im Profitbereich, sondern auch im Nonprofit-, Sozial- und Gesundheitsbereich härter werden lassen. Das Tempo wird immer schneller, 50 oder mehr Anfragen per E-Mail wollen innerhalb von 24 Stunden beantwortet werden. Firmenhandy und -laptop suggerieren, dass Sie auch am Wochenende erreichbar sein sollten. Selbst im Urlaub ist es möglich, schnell mal die E-Mails zu checken oder im Notfall telefonisch die nächsten Schritte in einem Projekt zu organisieren. Die Abgrenzung zum Privatleben und damit zu Erholung und Entspannung wird immer schwieriger. Diese Entwicklungen haben unser Arbeitsverhalten in sehr kurzer Zeit massiv verändert. Hier mit neuen Strategien zum Selbstschutz Schritt zu halten und nicht der Verführung des Immer-mehr-und-schneller unreflektiert nachzugeben, ist gar nicht so einfach.

Überforderung durch Zeit- und Verantwortungsdruck

Sie haben so viel Arbeit, dass Sie nie alles schaffen können. Jeden Tag gehen Sie mit dem frustrierenden Gefühl nach Hause, wieder wichtige Dinge auf morgen verschieben zu müssen. Der Zeitrahmen ist so eng gesteckt, dass Sie eigentlich von Anfang an wissen, dass Sie die Vorgaben auf keinen Fall erfüllen können. Vielleicht versuchen Sie es trotzdem, leisten Überstunden und lassen Ihre Pausen ausfallen.

Auch im sozialen Bereich ist es sehr schwer, Grenzen zu ziehen. Denn hier geht es zu Lasten der KlientInnen oder der PatientInnen, wenn Sie sich weigern, bis weit über das Verantwortbare hinaus zu arbeiten. Doch allein aus Protest, Dienst nach Vorschrift zu machen, läuft Ihrem persönlichen Verantwortungsgefühl zuwider. Sie wollen qualitativ gute Arbeit leisten, sehen den Bedarf und das Leid der Menschen. Doch die Projektleitung oder Vorgesetzten wollen Kosten sparen. Als verantwortungsvoller Mensch versuchen Sie, diese Entwicklung durch verstärkten Einsatz auszugleichen. Damit wiederum bestärken Sie die Kostensparer darin, dass die Arbeit auch mit weniger Personal zu schaffen ist. So entsteht ein Teufelskreis, der nur durch Solidarität und Druck aus der Öffentlichkeit gestoppt werden kann. Der alltägliche Stress und das Balancieren am Limit lassen aber keine Energie mehr für Protest und Widerstand übrig. Das Ergebnis: Der tägliche Kampf mit zu viel Arbeit. Nie erleben Sie die Zufriedenheit, wenn alle Aufgaben erledigt sind. An fast jedem Abend bleiben E-Mails ungelesen und wichtige Punkte auf Ihrer To-do-Liste unerledigt. Das ist ausgesprochen frustrierend. Mit Überstunden und noch effizienterem Arbeiten versuchen Sie immer wieder, das unglaubliche Pensum doch noch zu schaffen.

Ihr persönliches Engagement unter großem Zeitdruck ist ein zweischneidiges Schwert. Auf der einen Seite demonstrieren Sie Verlässlichkeit und Belastbarkeit, was für Ihre Karrierechancen oder die Jobsicherheit durchaus förderlich sein kann. Auf der anderen Seite bekommen Sie immer mehr Arbeit aufgeladen, weil der Eindruck entsteht, Sie schaffen immer noch mehr. In manchen Ländern ist es Sitte, einen Essensrest auf dem Teller liegen zu lassen. Ein leerer Teller symbolisiert, dass das Essen nicht gereicht hat, und Sie bekommen eine weitere Portion. Da hilft auch keine Beteuerung, dass Sie schon längst satt sind. Überlegen Sie genau, ob es immer klug ist, mit allem rechtzeitig oder gar zu früh fertig zu werden.

Ihr Ärger wird noch größer, wenn Sie sich anstrengen, um eine Vereinbarung einzuhalten, während Ihre KooperationspartnerInnen wesentlich lockerer mit den Terminen umgehen oder bei Folgeschritten die Zeitvorgaben entspannt ignorieren. Seien Sie nicht zu brav und zu verlässlich, wenn die anderen es auch nicht sind. Letztendlich sammeln Sie damit keine Pluspunkte, sondern nur mehr Arbeit.

Vor allem die Kombination aus viel Arbeit und großer Verantwortung fördert die Entwicklung eines Burn-outs. Denn wie gebunden Sie sich fühlen, ist nicht nur eine persönliche Sache, sondern kann je nach Job und Arbeitsstelle durchaus vorgegeben sein und durch die Firmenstruktur verstärkt werden. Die gefährlichste Situation entsteht dann, wenn Sie zwar viel Verantwortung, aber nur wenig Macht übertragen bekommen. Wenn Ihre KollegInnen Ihnen bei Ihrer Aufgabe nicht die nötige Unterstützung geben, zum Beispiel Zahlen aus dem Vorjahr, um ein Budget festzulegen, müssen Sie die Konsequenzen einer falschen Kalkulation tragen. So etwas kostet viel Energie und kann psychisch sehr belasten. Rennen Sie in einem solchen Fall nicht gegen Wände, sondern finden Sie ein Druck- oder Tauschmittel, um an die Informationen zu kommen, die Sie brauchen. Hier ist taktisches Denken gefragt.

Wer große Verantwortung trägt, brennt schneller aus. Denn Grenzen sind viel schwerer zu ziehen, wenn Jobs und damit die Existenz Ihrer MitarbeiterInnen auf dem Spiel stehen oder wenn das Wohl anderer Menschen von Ihrer Arbeit abhängt. Bedenken Sie aber immer, wo die Grenzen Ihrer Macht liegen. Meist hört sie da auf, wo es um rein politische oder firmenstrategische Entscheidungen geht, zum Beispiel welche Projekte finanziert werden und welche nicht. Unter derartigen Rahmenbedingungen ist es sehr wichtig, sich Freiräume schaffen, um sich zu entlasten und mit anderen auszutauschen. Denn so wird die Last der Verantwortung wenigstens ein bisschen verringert.

Sie sind in einer großen Firma tätig? Dann achten Sie ganz bewusst darauf, die Verantwortung, vor allem wenn es um heikle

Entscheidungen geht, immer mit Ihren Vorgesetzten zu teilen. Besprechen Sie sich mit ihnen, informieren Sie sie genau und holen Sie deren Zustimmung ein, wenn dies nötig erscheint. Halten Sie alle Absprachen fest oder lassen Sie sich diese schriftlich bestätigen. Sie wissen ja, dass es oft nicht die Mächtigeren trifft, wenn einmal etwas schiefgeht.

Eine andere Art von Verantwortung tragen Selbständige und/oder Alleinerziehende. Sie allein sind dafür verantwortlich, ihre eigene Existenz oder die ihrer Kinder abzusichern. Nur selten können sie Rücklagen schaffen, um eine schlechte Auftragslage auszugleichen. Dieser Druck ist als Burn-out-Faktor nicht zu unterschätzen. Falls Sie in einer solchen Situation sind, lassen Sie sich beraten: Ausfallsversicherungen für Selbständige kosten zwar eine Menge Geld, können aber für eine deutliche Entlastung sorgen.

Unklare Ziele und Erfolgskriterien

Ohne klare Erfolgskriterien kann es keine Anerkennung geben und auch Sie selbst können nicht stolz auf sich sein. Und ob es uns passt oder nicht, ohne Anerkennung von außen macht das Arbeiten nur halb so viel Spaß. Außerdem können Sie sich nie entspannt zurücklehnen, wenn Sie nicht wissen, ob eine Arbeit erfolgreich abgeschlossen ist oder welche Ziele Sie eigentlich erreichen sollen.

Falls Sie das Gefühl haben, Ihre Arbeit wegen des Umfangs nicht bewältigen zu können, müssen Sie entweder die Qualität verringern oder es bleibt immer etwas unfertig liegen. Auf Dauer ist das natürlich sehr unbefriedigend und Sie erzielen keine Erfolge. Das kann auch daran liegen, dass Sie es mit unkooperativen KollegInnen zu tun haben. Auch wenn Sie Ihren Teil der Arbeit termingerecht abschließen, Ihre PartnerInnen aber nicht, entsteht große Frustration. Trotz Ihres Einsatzes ist ein Erfolg nicht in Sicht. Obendrein erleben Sie, dass Sie zu wenig Einfluss auf das Arbeitsergebnis haben. Warum sollten Sie sich dann anstrengen? Eine derartige Situation bringt Sie in eine Zwickmühle, einerseits streben Sie nach Erfolg, andererseits scheint Ihre ganze Mühe sinnlos zu sein. Aufzugeben und in die innere Kündigung zu gehen, ist eine Reaktion darauf, sich weiter anzustrengen und in ein Burn-out zu rutschen eine andere – aber keine der beiden ist empfehlenswert.

Ein anderer gefährdender Faktor, der vor allem in großen Firmen besteht, ist die ständige Umstrukturierung. Erfolgreiche Teams werden scheinbar willkürlich aufgelöst und neu zusammengestellt. Die Betroffenen werden nur selten vorab informiert und meist dürfen sie die Veränderungen nicht mitgestalten. So entwickelt sich bei ihnen sehr schnell das Gefühl, neue Organisationsstrukturen entstünden am grünen Tisch, ohne dass auf die aktuellen Gegebenheiten Rücksicht genommen wird. Führungen und Leitlinien werden ausgetauscht und Zielvorgaben, für die Sie vielleicht schon monatelang mit vollem Einsatz gearbeitet haben, gelten plötzlich nicht mehr. Das Gefühl von Frustration und Enttäuschung, Machtlosigkeit und Unwichtigkeit, das dadurch entsteht, ist sehr schwer auszuhalten und kostet enorm viel Kraft und Motivation.

Auch unklare Anweisungen und Zielvorgaben von Vorgesetzten wirken sich ungünstig aus. Nicht jede Chefin oder jeder Chef ist sich bewusst, wie wichtig eindeutige Kommunikation ist. Sie bekommen dann Aufgaben mit der Zusatzinformation übertragen: «Na, Sie wissen schon, machen Sie mal.» Selbst wenn Sie nachfragen, erfahren Sie häufig nicht mehr. Aus Erfahrung wissen Sie aber, dass Ihre Lösungen nicht immer gut ankommen. Das bedeutet, dass Ihnen schon von vornherein bewusst ist, dass Sie einen Teil der Arbeit noch einmal erledigen müssen oder zumindest deutliche Kritik ernten werden. Dies wird Sie nicht sonderlich beflügeln, sondern dazu führen, dass

Sie Ihre Ideen und Ihren Einfallsreichtum in diesem Rahmen nicht einbringen werden.

Jeder ist sich selbst der Nächste

Sie fühlen sich als Mitarbeiterin in Ihrem Betrieb geschätzt und werden regelmäßig für Ihre Ideen und Ihren Einsatz gelobt. Doch wenn es darum geht, wer den Erfolg dafür einsteckt, tritt Ihre Vorgesetzte oder Ihr Vorgesetzter in den Vordergrund. Sie oder er heimst die Lorbeeren ein, da sie oder er so spricht, als wenn es ihre oder seine eigenen Vorschläge und Projekte wären. Wenn Sie sich beschweren würden, sähe das eher nach Zickigkeit und Neid aus, also lassen Sie es lieber gleich. Damit stecken Sie in einer sehr unbefriedigenden Situation fest. Viele Menschen finden in einer solchen Lage keine sinnvolle Gegenstrategie, sie ziehen sich zurück und resignieren oder werden zynisch und fühlen sich ständig frustriert.

Da hilft nur, dass Sie offensiver mit Ihren Leistungen umgehen. Nutzen Sie jede Gelegenheit, bei wichtigen Personen auf Ihre Ideen hinzuweisen, und achten Sie darauf, dass Ihr Name überall auftaucht, wo Ihre Projekte festgehalten werden. Das könnte etwa auf Anträgen, Folien oder in Powerpoint-Präsentationen geschehen.

Wenn Sie in einer solchen Situation die Führungskraft sind, mag dieses Vorgehen zwar für Ihre eigene Karriere dienlich sein und ist im Sinne guter Selbstpräsentation auch lobenswert. Sie dürfen aber nicht vergessen, dass motivierte MitarbeiterInnen die Basis des eigenen Erfolgs sind und daher auch gepflegt werden sollten. Ein guter Umgang miteinander ist ein ganz wichtiger Faktor, wenn es um die persönliche Arbeitszufriedenheit geht. Gestohlene Anerkennung und fehlende Fairness kränken und verärgern. In Kombination mit dem trügerischen Gefühl, daran sowieso nichts ändern zu können, entwickelt sich dies zu einem großen Energieräuber. Und Sie wissen es ja selbst, vor allem Frauen haben einen ausgeprägten Sinn für Fairness.

Führungskräfte tragen insgesamt die Verantwortung für das Klima im Team. Machen Sie sich bewusst, dass unfaires Handeln die Solidarität unter den MitarbeiterInnen unterminieren kann. Konkurrenz und Misstrauen, das Buhlen um die Gunst der Führungskraft, unklare Kompetenzen – all das untergräbt jedes Gemeinschaftsgefühl im Team. Und das wiederum fördert das Entstehen von Burn-out.

Sind Sie das Mitglied eines solchen Teams, lassen Sie nicht zu, dass ein derart ungutes Gefühl entsteht und sprechen Sie es an. Wenn Sie sich mit den KollegInnen verbunden fühlen, mit ihnen gemeinsam über die Zustände jammern oder sich gegenseitig Mut machen, entlasten Sie sich. Damit schaffen Sie sich einen angenehmen Ausgleich zum täglichen Druck und Stress.

Zu wenig Anerkennung, zu wenig Lob

In vielen Firmen und Organisationen bestehen keine sinnvollen Strukturen, um die Leistungen der MitarbeiterInnen angemessen zu würdigen. Alles hängt von der sozialen Kompetenz der Vorgesetzten ab. Wenn Ihre Chefin oder Ihr Chef die Notwendigkeit, Mitarbeiter zu motivieren, nicht wichtig nimmt, bleibt die stärkende Anerkennung auf der Strecke. Die wertvollen Hinweise in Handbüchern und auf Seminaren zum Thema Mitarbeiterführung sind nach wenigen Tagen vergessen, wenn der Nutzen von Lob und Anerkennung, aber auch von konstruktiver Kritik nicht gesehen wird.

Und es gibt bestimmte Arbeitsbereiche, in denen Anerkennung ganz besonders gern vergessen wird, ein typisches Beispiel ist die Hausarbeit. Hier fällt es nur auf, wenn etwas nicht gemacht wird. Ganz egal wie sehr Sie sich auch anstrengen, Sie hören kein Lob. Feedback erhalten Sie nur, wenn Sie einen Fehler machen oder ausfallen, und dann in Form von Kritik. Diese typischerweise von Frauen erledigte Arbeit wird als selbstverständlich hingenommen. Wenn der Mann den Müll wegbringt oder einmal das Geschirr abspült, dann ist es auf jeden Fall eine lobende Bemerkung wert. Von diesem Phänomen sind alle Jobs im Bereich von Assistenz und Sekretariat betroffen, also all jene, die die Grundfunktionen in einem Betrieb aufrechterhalten. Diese Art von Arbeit wird nicht gesehen und die mangelnde Anerkennung sorgt hier für erhöhte Burn-out-Anfälligkeit. Hinzu kommt, dass die Aufgaben niemals ein Ende nehmen, sodass es kaum einmal möglich ist, sich stolz und zufrieden nach erledigter Arbeit zurückzulehnen.

In sozialen Berufsfeldern wird Anerkennung ebenso oft nicht ausgesprochen. Starkes Engagement ist selbstverständlich, dabei wird aber übersehen, dass vor allem in diesem Bereich interne Bestätigung nötig wäre. Das liegt daran, dass der Erfolg nicht immer sichtbar wird. Eine Sozialarbeiterin, die ihre Klientel nur kurzfristig in Krisensituationen betreut, sieht die Früchte ihrer Arbeit nicht, wenn eine Klientin in eine langfristige Betreuung wechselt oder ins alte Milieu zurückkehrt. Die MitarbeiterInnen untereinander erfahren nur in Teamsitzungen und Fallbesprechungen, woran die anderen gerade arbeiten. Wenn es keine klare Struktur gibt, in der Anerkennung einen festen Platz hat, geht sie im täglichen Stress unter. Daher sind Gelegenheiten zum Austausch, zum Beispiel Intervisionen mit KollegInnen, Fortbildungen und Supervisionen, so wichtig, um die Freunde an der Arbeit aufrechtzuerhalten.

Verschärft wird die Situation zusätzlich, wenn die Geschäftsführung aufgrund des finanziellen Drucks Vorgaben durchsetzt, die den Werten und dem Qualitätsanspruch der MitarbeiterInnen widersprechen. Damit wird der Raum für Selbstbestätigung noch kleiner. Das Gefühl, gute und wichtige Arbeit zu leisten, ist mit den neuen Vorgaben kaum möglich. Diese konstante Unzufriedenheit kommt zur sowieso schon spärlichen Anerkennung hinzu. Wenig Bestätigung von außen und geringe Selbstzufriedenheit fördern die innere Kündigung und damit auch das Entstehen eines Burn-outs.

Zu kleiner Handlungsspielraum

Eine Hauptursache für die Entwicklung eines Burn-out-Syndroms liegt in der mangelnden Kontrolle über den eigenen Tagesablauf. Gerade wenn Sie im Bereich Sekretariat oder Assistenz arbeiten, betrifft Sie dieser Faktor besonders. Ihre Vorgesetzte oder Ihr Vorgesetzter kann mit Aufgaben, die sofort erledigt werden müssen, Ihren gesamten Zeitplan umwerfen. Sie führen eine Vielzahl von Anordnungen aus und bestimmen im schlimmsten Fall nicht einmal, wie und wann dies gemacht wird. Ihr Freiraum hängt davon ab, mit welchem Stil Ihre Vorgesetzten Arbeiten an Sie delegieren.

Am besten ist es, wenn Sie mehrere Aufgaben als Paket übertragen bekommen und die Lösungen dafür selbständig erarbeiten. In diesem Fall informieren Sie Ihre Vorgesetzten über Ihre Entscheidungen und die Entwicklungsschritte. Dadurch wird für Sie spürbar, dass auf Ihre Kompetenz vertraut wird und man Sie in Ruhe arbeiten lässt. Eher unbefriedigend ist die Situation, wenn Ihnen immer nur einzelne Aufgaben übertragen werden, sodass Sie keinen Überblick über das gesamte Projekt bekommen. Dadurch bleiben die Zielvorgaben unklar und Ihr Spielraum, die Abläufe selbst zu strukturieren, verkleinert sich. Ständig sind Sie damit beschäftigt, fehlende Informationen einzuholen, damit Sie überhaupt weitermachen können.

Es ist bekannt: Die Gefahr, dass Fehler passieren, wächst, wenn der oder dem MitarbeiterIn kein Vertrauen entgegengebracht wird. Sich für jeden Schritt im Arbeitslauf das Okay zu holen, ist vielleicht während der Einarbeitungszeit sinnvoll. Wenn sich das aber nicht ändert und dauerhaft so bleibt, verliert die oder der MitarbeiterIn ihr oder sein Selbstwertgefühl. Das passiert vor allem, wenn ihre oder seine Stärken und Vorlieben im selbständigen Arbeiten liegen. Generell gilt: Je weniger Sie Ihren Tag selbst strukturieren und einteilen können, umso größer ist die Burn-out-Gefahr.

Sprechen Sie dieses Thema gegenüber Ihrer oder Ihrem Vorgesetzten an, um eine bessere Arbeitsteilung zu erarbeiten. Wenn Sie nicht auf Verständnis stoßen, versuchen Sie selbst, Arbeitsblöcke zu bilden. Entscheiden Sie, wie wörtlich ein «jetzt» oder «gleich» von Ihrer oder Ihrem Vorgesetzten zu verstehen ist.

× Wer ist wofür verantwortlich?

Vielleicht kennen Sie das: Sie arbeiten mit KollegInnen oder anderen Abteilungen zusammen, die ihre Arbeit nicht zuverlässig erledigen. Immer wieder übernehmen Sie oder Ihr Team zusätzliche Aufgaben, damit ein Projekt termingerecht oder fehlerfrei abgeschlossen werden kann. Dafür haben Sie aber eigentlich gar keine Zeit und leisten vielleicht sogar Überstunden. Sie ärgern sich, während Sie die Arbeit anderer erledigen, und sind außerdem frustriert, wenn die Anerkennung für diese Extraleistung ausbleibt. Wenn dann noch hinzukommt, dass die eigentlich Verantwortlichen sehr geschickt darin sind, Fehler oder Mängel auf Sie abzuschieben, stehen Sie vor dem Problem, Ihre Kompetenz beweisen zu müssen, obwohl Sie sogar einen besonders großen Einsatz erbracht haben.

Noch belastender kann eine solche Zusammenarbeit werden, wenn Sie die erste Ansprechperson für die KundInnen sind. Sie bekommen allen Ärger, Frust und Druck ab, wenn etwas nicht funktioniert. Sicher, Sie könnten die Beschwerde einfach an die zuständige Stelle weiterleiten, das ist auch die korrekte Vorgangsweise. Aber je stärker der Leidensdruck beim Kunden und je geringer die Hoffnung, dass Ihre kooperationsunwillige Kollegin oder Ihr kooperationsunwilliger Kollege das Problem löst, desto eher erledigen Sie die Angelegenheit selbst. In solchen Fällen sind eine gute Strategie und Solidarität unter den MitarbeiterInnen, die ebenfalls unter dieser Kollegin oder diesem Kollegen leiden, notwendig. Schließlich liegt es nicht in Ihrer Macht, die oder den Betreffenden zu verändern.

In einer solchen Situation lassen sich Neuerungen nur nach und nach durchsetzen. Auf alle Fälle sollten Sie Ihre oder Ihren Vorgesetzten mündlich und schriftlich informieren. Wenn Sie sich entschließen, einmal probeweise nicht Feuerwehr zu spielen, warnen Sie alle Beteiligten schriftlich vor, um sich selbst abzusichern. Heben Sie diese Benachrichtigungen auf und erstellen Sie auch kurze Protokolle, wenn Sie Telefongespräche in dieser Sache führen. Achten Sie darauf, dass die Verantwortung immer genau dort bleibt, wo sie hingehört.

Diese offensive Strategie erfordert viel Kommunikation und gute Selbstdarstellung, kurzfristig kann sich auch Ihr Stress verstärken. Langfristig vermeiden Sie aber, dass sich die bequeme Position Ihrer unkooperativen KollegInnen verfestigt. Vielleicht machen Sie sich damit bei manchen unbeliebt, aber Sie zeigen Profil und vor allem Ihre Grenzen. Und das ist auf jeden Fall gut für die Selbstachtung und sorgt dafür, dass andere Ihnen mehr Respekt entgegenbringen. Eine solche Strategie liegt allerdings nicht jeder Frau. Ist Ihnen dieser Weg zu direkt, nutzen Sie Ihr kreatives Potenzial: Suchen Sie sich Bündnispartner und entwickeln Sie Ihre eigene Strategie, wie Sie mit diesen KollegInnen umgehen wollen.

Ebenso gefährlich ist es, wenn es ständig Ärger zwischen Ihnen und einer Kollegin oder einem Kollegen gibt, weil die Verantwortungsbereiche nicht klar definiert sind. Hier entstehen oft ungute Situationen, wenn jemand eine neue Stelle antritt. Aus Gewohnheit werden die alten Strukturen aufrechterhalten, selbst wenn sich die Arbeitsteilung eigentlich geändert hat. Sind Sie in dieser Lage, kann es dazu kommen, dass Sie Informationen zu spät oder gar nicht erhalten und für Fehler, die deswegen passieren, auch noch geradestehen müssen. Oft möchten die Vorgesetzten dann, dass diese Unstimmigkeiten untereinander geregelt werden.

Werden Sie aktiv, denn eine solche Situation sorgt tagtäglich für Ärger und fördert die Angst, einmal etwas wirklich Wichtiges nicht zu erfahren. Machen Sie mit allen Beteiligten einen Termin aus, um in Ruhe über die Arbeitsteilung zu sprechen. Versuchen Sie, eine Lösung zu finden, die für alle Beteiligten gewinnbringend ist. Führt dies zu nichts, wenden Sie sich noch einmal an Ihre Vorgesetzten, denn schließlich gehört es zu deren Aufgaben, Kompetenzgerangel zu unterbinden und jedem klare Aufgabengebiete zuzuweisen. Andernfalls sind unklare Kompetenzbereiche ein täglicher Quell für die Entwicklung eines Burn-out-Syndroms.

Überstunden en masse

Überstunden sind bei den meisten Jobs des mittleren Managements mittlerweile fixer Bestandteil. Die Bereitschaft, mehr als 40 Stunden pro Woche zu arbeiten, wird vorausgesetzt und gilt nicht mehr als Zeichen besonderen Engagements. Auch in vielen anderen Bereichen ist es wegen der schieren Menge an Arbeit unumgänglich, Mehrstunden zu leisten – und selbst dann stellt sich das befriedigende Gefühl, alles erledigt zu haben, nur mehr ganz selten ein. Wenn aber über einen längeren Zeitraum in jeder Woche 50 bis 60 Stunden gearbeitet wird, kommen die Erholungsphasen zu kurz. Das ist für Frauen, bei denen nach Dienstschluss die Arbeit nicht aufhört, weil Haushalt und Kinder auf sie warten, besonders schlimm. Sie finden oft gar keine Zeit mehr zum Auftanken und Entspannen.

Weniger zu arbeiten, ist nicht nur wegen der Aufgabenbelastung nahezu unmöglich – der soziale und moralische Druck von Vorgesetzten und KollegInnen kommt noch hinzu. Viele Chefs (die ebenfalls viele Überstunden leisten) sorgen mit Fragen wie «Gehen Sie jetzt schon nach Hause, haben Sie nichts mehr zu tun?» für ein schlechtes Gewissen. Solche Sätze hören Frauen abends um 19.00 Uhr nach einem Zehnstundentag, und zwar immer wieder von männlichen Chefs, die neben Ihrer Arbeit keinen Haushalt führen müssen und die sich für die Versorgung ihrer Kinder nur in finanzieller Hinsicht verantwortlich fühlen. So rutschen Frauen ganz schnell in die Schiene der Rechtfertigung und fühlen sich ganz schlecht, weil sie als unmotivierte Mitarbeiterinnen dastehen. In einer solchen Situation dazu überzugehen, den Chef überzeugen zu wollen, dass Sie genug gearbeitet haben und sehr engagiert sind, schlägt meist fehl und Sie fühlen sich noch mieser. Schon am nächsten Abend, wenn Sie sich verabschieden, wird er Ihnen wieder ein schlechtes Gewissen machen.

Ähnliches kann Ihnen mit KollegInnen passieren. Das wird dann besonders anstrengend, wenn Sie in einem direkten Konkurrenzverhältnis mit ihnen stehen. Lassen Sie sich aber nicht dazu hinreißen, noch mehr zu arbeiten. Denn die Menge an Überstunden ist letztlich nicht dafür entscheidend, wer befördert wird.

Sie werden Ihre Mitmenschen nicht ändern, aber Sie können versuchen, Ihre eigenen Reaktionen anzupassen. Ein guter Ansatzpunkt ist dabei das schlechte Gewissen. Wenn Sie bemerken, dass Sie gegen dieses Gefühl nicht ankommen, analysieren Sie, welche einzelnen Faktoren bei Ihnen ein schlechtes Gewissen auslösen. Versuchen Sie dann, kleinere Anknüpfungspunkte zu finden, um eine Veränderung einzuleiten.

Für unser Beispiel gilt: Rechtfertigen Sie sich nicht dafür, dass Sie schon nach Hause gehen. Selbst wenn Sie nicht alles erledigen konnten, dürfen Sie nach Ihrer regulären Arbeitszeit und erst recht nach ein oder zwei Überstunden gehen. Reagieren Sie möglichst nicht auf den Vorwurf – egal ob er scherzhaft oder ernstgemeint ist. Sagen Sie zum Beispiel in einem ganz normalen Tonfall: «Ja, ich gehe jetzt.» Humorvolle Entgegnungen sind auch ein gutes Mittel, um Vorwürfe an sich abprallen zu lassen: «Ja, ich weiß, ich trau mich was.» Oder gegenüber KollegInnen: «Ja, ich gehe, alles nur eine Frage der Effizienz.» Greifen Sie auf keinen Fall den (vielleicht) zwischen den Zeilen liegenden Vorwurf der mangelnden Motivation auf. Bleiben Sie selbstbewusst und demonstrieren Sie, dass es die selbstverständlichste Sache der Welt ist, dass Sie jetzt gehen. Selbst wenn Sie Ärger verspüren, lassen Sie Ihren Gefühlen nicht freien Lauf. Denn damit würden Sie sich angreifbar machen. Bleiben Sie cool und bestimmt. Sie können Ihrer Chefin, Ihrem Chef oder den KollegInnen ja in Ihrer Vorstellung Tomaten an den Kopf werfen oder ein Schild mit einer wüsten Beschimpfung auf die Stirn kleben.

Überstunden können für noch mehr Zündstoff sorgen, wenn Sie zusätzlich zu Ihrem Beruf Kinder betreuen oder Angehörige pflegen. Sie fühlen sich eingezwängt zwischen dem Arbeitsdruck und dem Anspruch, gut für Ihre Kinder zu sorgen und keine Rabenmutter zu sein. Legen Sie einen Mittelweg für sich fest und lernen Sie, diesen gegenüber Ihrer oder Ihrem Vorgesetzten und KollegInnen sowie vor Ihren Kindern und Ihrem sozialen Umfeld selbstbewusst zu vertreten. Nehmen Sie verstärkt andere Erziehungsberechtigte Ihres Kindes in die Pflicht, um selbst ein wenig Freiraum zu bekommen. Und: Verabschieden Sie sich von den zu hohen Erwartungen an sich selbst, Beruf und Familie perfekt vereinbaren zu können. Wichtig ist, dass Sie nicht auf der Strecke bleiben und sich selbst gegenüber fürsorglich und verantwortungsvoll verhalten.

Sexuelle Belästigung und Mobbing

Mobbing und sexuelle Belästigung sind Formen von Gewalt und lösen daher starken Stress aus. Psyche und Körper reagieren auf diese Bedrohung der Integrität und des Selbstwerts und schalten den Organismus in den Alarmmodus. Wut, Hilflosigkeit und Angst sind die emotionalen Reaktionen. Wenn Sie nicht flüchten können, weil Sie den Job brauchen oder ihn einfach gerne machen, und auch nicht kämpfen können, weil Sie sich nicht zutrauen, gegen den mächtigen Vorgesetzten oder den beliebten Kollegen vorzugehen, dann bleibt nur Ohnmacht und Selbstentwertung. Die Strategie, einfach nur durchzuhalten, ist die schlechteste und hat einen hohen Preis.

Unter den Begriff «sexuelle Belästigung» fallen nicht nur körperliche Übergriffe, sondern sie kann auch mit Blicken oder in scheinbar harmlosen Gesprächen ausgeübt werden. Hierzu möchte ich Ihnen ein typisches Beispiel erzählen, dass ich als Beobachterin miterlebt habe: Ein Mann und eine Frau sitzen bei einer geschäftlichen Besprechung mit Laptop und diversen Unterlagen in einem Café. Auf einmal beginnt er, von seinen sexuellen Erfahrungen zu erzählen, und berichtet von den Äffären seiner Kollegen mit jüngeren Frauen – und das mitten in einer geschäftlichen Besprechung. Die Frau ist sichtlich unangenehm berührt und versucht höflich, wieder auf Sachthemen zurückzukommen. Sie zwingt sich ein Lächeln ab, um nicht prüde oder fade zu erscheinen, obwohl er durchaus sexistische und frauenfeindliche Sprüche anbringt. Er wirkt lässig und erweckt dabei obendrein noch den Anschein, mit seiner Kollegin respektvoll umzugehen. Das macht es für sie noch schwerer, auf die sexistischen und belästigenden Inhalte angemessen zu reagieren. Was bleibt, ist ein gutes und mächtiges Gefühl bei ihm und ein verunsichertes Unterlegenheitsgefühl bei ihr. Ihr höfliches Ignorieren ist Teil seines Erfolgs. Er stellt ein Machtgefälle her, in dem er ganz oben steht.

Welche Möglichkeiten hat eine Frau in einer derart unangenehmen Situation? Sie kann durch klares und selbstbewusstes Auftreten und indem sie anspricht, dass das Thema unpassend ist, seine Strategie durchkreuzen. Um nicht Munition für Abwertungen von seiner Seite zu liefern, ist aber die richtige Kombination aus Humor und klarer Abgrenzung nötig. Denn sonst wird er mit Killerphrasen wie «Sind Sie prüde?» oder «Sie verstehen wohl keinen Spaß?» kontern. Wenn Sie mit Ihrer Schlagfertigkeit in solchen Situationen nicht zufrieden sind, kann ich Ihnen wärmstens einen Kurs in Kampfrhetorik empfehlen.

Bei sexueller Belästigung geht es immer um das Sichtbarmachen von Macht und nicht darum, dass jemand seine sexuellen Bedürfnisse nicht im Griff hat, wie gerne entschuldigend verharmlost wird. Sexuelle Belästigung demütigt, macht klein und ohnmächtig. Es gibt verschiedene Strategien, um dies zu stoppen, sie reichen vom humorvollen, aber strengen «Nein, diese Geschichten interessieren mich nicht» über sanfte Drohungen mit Stecknadeln gegen Hände, die an den falschen Stellen ruhen, bis hin zu ernsten Aussprachen im Beisein einer Arbeitnehmervertreterin und der Androhung von rechtlichen Schritten. Wie auch bei Mobbing gilt: Wehren Sie sich so bald und so eindeutig wie möglich. Holen Sie sich Unterstützung von KollegInnen und offiziellen Stellen. Sexuelle Belästigung hört selten von alleine auf und wird ohne Gegenwehr immer schlimmer. Seien Sie lieber «humorlos», «zickig» oder «prüde», als dass Sie täglich diese kleinen oder großen Übergriffe verdauen müssen.

Mobbing ist ebenfalls ein Burn-out-Mitverursacher erster Güte. Wenn Sie Ihre beruflichen und privaten Belastungen bisher in einer ganz guten Balance halten konnten, steigen Sie als Betroffene unweigerlich um ein bis zwei Burn-out-Stufen höher. Mobbing ist eine Form von Gewalt, die indirekt passiert. Da es auf den ersten Blick keine Flucht- oder Kampfmöglichkeit zu geben scheint, entsteht starker Stress. Handelt es sich anfangs noch um kleinere Begebenheiten, die Sie an Ihren eigenen Handlungen zweifeln lassen, steigert sich die Belastung nach und nach immer mehr. Dazu das Beispiel von Frau Simon, die im Rahmen einer Umstrukturierung in eine andere Abteilung versetzt wurde. Die neuen KollegInnen reagieren zum Teil reserviert, aber Frau Simon ist guter Dinge, dass sich das Verhältnis nach einiger Zeit entspannen wird. Sie versucht, kooperativ und hilfsbereit zu sein. Doch immer öfter merkt sie, dass Informationen nicht zu ihr weitergeleitet werden, was bereits einmal für eine peinliche Situation in einem Meeting gesorgt hat. Anfangs war sie unsicher, ob es nicht doch Vergesslichkeit war, aber schon bald hat sie eine Kollegin in Verdacht. Als Frau Simon sie zur Rede stellt, reagiert diese nur empört und weist jede Schuld von sich. Die wachsende Unsicherheit, ob sie alle Informationen erhält, verursacht Mehrarbeit und Stress. Nach einiger Zeit hört sie, dass nicht gerade schmeichelhafte Gerüchte über ihr Privatleben die Runde machen. Betritt Sie das Büro, verstummen die Gespräche, auch andere Kollegen beginnen, sie zu meiden. Frau Simon fühlt sich hilflos und wird immer unsicherer. Die zunehmende Isolation macht sie misstrauisch und sie geht jeden Tag mit Herzklopfen in die Arbeit.

Neben diesen schon sehr belastenden Formen gibt es noch massivere Ausprägungen von Mobbing. Es kann sogar so weit gehen, dass das Auto beschädigt wird, Telefonterror stattfindet oder Computer manipuliert werden. Wichtig ist zu wissen: Mobbing hört nicht einfach so auf. Auch hier besteht die schlechteste Strategie darin, einfach darüber hinwegzusehen. Mobbing lebt wie die sexuelle Belästigung von der Scham und dem Schweigen der Betroffenen. Allerdings geht es hier meist nicht um Machtdemonstrationen, sondern um Angst. Die Person, die andere mobbt, fürchtet um ihre Position oder ihren Arbeitsplatz. Sie fühlt sich bedrängt und unterstellt ihrem Opfer böse Absichten.

Sind Sie von Mobbing betroffen, können Sie als Erstes Ihre Vorgesetzten informieren und zum Handeln auffordern. In vielen Fällen fühlen sich diese aber überfordert und unternehmen nichts. Im schlimmsten Fall geht das Mobbing sogar von der Chefin oder vom Chef aus (Bossing). Dann ist der Wechsel in eine andere Abteilung oder an eine andere Arbeitsstelle meist nicht zu vermeiden.

Machen Sie sich bewusst, dass Mobbing oder Bossing über längere Zeit psychisch und körperlich krank macht. Holen Sie sich daher Unterstützung und Know-how bei entsprechenden Beratungsstellen. Machen Sie das Mobbing gegen Sie auf jeden Fall öffentlich und brechen Sie das Schweigen. Stellen Sie auch die mobbende Person zur Rede, Sie müssen die Grenze ziehen. Da dies nicht leichtfällt, holen Sie sich Hilfe und Unterstützung bei anderen Menschen. Bis das Problem gelöst ist, reduzieren Sie den übrigen Stress und alle anderen Anforderungen auf ein Minimum. Bedenken Sie: Wer gemobbt wird, braucht viel emotionale Unterstützung, da die tägliche Gewalt Wunden in die Seele schlägt, selbst wenn Sie sonst hart im Nehmen sind. Nutzen Sie diesen Zeitpunkt auch, um allen zu zeigen, dass Sie nicht immer nur nett sind, sondern auch aggressiv und machtvoll auftreten, wenn dies nötig ist.

Ausschluss aus dem Männerverein

Häufig übersehen wird der unterschwelligen Stress, den Frauen erfahren, wenn sie in einem männerdominierten Umfeld arbeiten. Frauen fühlen sich hier diskret, aber wirkungsvoll ausgeschlossen. In manche informelle Gespräche und gemeinsame Aktivitäten werden sie einfach nicht eingebunden. Damit verschärft sich der Druck, Höchstleistungen zu erbringen, um endlich dazuzugehören.

Außerdem verteilen sich viele Informationen über informelle Kanäle und dies geschieht auch nach Dienstschluss in einer Bar, beim Sport, in der Sauna oder anderen sozialen Zusammentreffen. Frauen sind hier oft nicht erwünscht und viele von ihnen können sowieso aufgrund familiärer Verpflichtungen an solchen sozialen Aktivitäten gar nicht teilnehmen. Dadurch erhöht sich die Angst, Veränderungen wegen mangelnder Informationen oder fehlender Bündnispartner falsch einzuschätzen oder im schlimmsten Fall ganz abgeschossen zu werden.

Gegensteuern können Sie, indem Sie mit anderen Frauen Netzwerke bilden, mit dem Ziel der gegenseitigen Unterstützung und des Mentorings. Oder Sie suchen sich aktiv einen männlichen Bündnispartner, der bereit ist, informelle Neuigkeiten an Sie weiterzuleiten. Das wird vor allem dann funktionieren, wenn dem Kollegen diese Kooperation auch einen Nutzen bringt.

Konkurrenz unter Frauen

«In einem reinen Frauenteam möchte ich nie arbeiten, das ist furchtbar», «Ich arbeite lieber mit Männern, die sind direkter und klarer», solche und ähnliche Sätze höre ich immer wieder. Sie beschreiben die schlechten Erfahrungen, die Frauen in einem beruflichen Kontext mit anderen Frauen gemacht haben. Weibliche Netzwerke, die eine Alternative zu den informellen männlichen Treffen bieten könnten, bilden sich aufgrund dieser Erfahrungen und Vorurteile nur zögerlich oder außerhalb des eigenen beruflichen Umfelds. Dennoch: Starke Bündnispartnerinnen sind wichtig, sie schaffen zusätzliche Sicherheit und helfen, Kraft zu sparen, weil nicht alles alleine erkämpft und in Erfahrung gebracht werden muss. Verankert in einem guten innerbetrieblichen Netzwerk können Sie sich darauf verlassen, dass wichtige informelle Informationen auch bei Ihnen ankommen. Als Einzelkämpferin hingegen brauchen Sie viel mehr Kraft und Nerven. Wer Frauen als Netzwerkpartner ausschließt oder mit ihnen in einer unproduktiven Konkurrenz verharrt, lässt sich die Chance auf Entlastung und Unterstützung einfach entgehen.

Was aber ist nun das Besondere an Konkurrenz unter Frauen? Um dies zu verstehen, machen wir einen kurzen Abstecher in die unterschiedliche Sozialisation von Mädchen und Jungen. Buben spielen schon sehr früh nach Regeln und kämpfen gegeneinander in Wettbewerbsspielen. So lernen sie spielerisch, mit Konkurrenz umzugehen, und entwickeln Teamgeist. So können wir davon ausgehen, dass Konkurrenz und Teamspielen von Männern besser eingeübt wurde. Sie gewinnen und verlieren, sind mal stärker, mal schwächer und lernen, mit diesen Frustrationen und Erfolgserlebnissen umzugehen und dies als alltägliches Auf und Ab anzunehmen.

Mädchen hingegen spielen oft alleine oder in Kleingruppen. Ihr Aktionsradius ist wesentlich kleiner als der gleichaltriger Jungen und sie werden von Erwachsenen eher zu Spielen angeregt, die Gemeinsamkeit und Verbundenheit fördern. Zudem erleben Mädchen viel mehr angstvolle Kontrolle – «Pass auf, du tust dir weh!» – und können ihre Stärken und Schwächen nicht so gut ausloten. Deutlich sichtbar wird das unterschiedliche Spielverhalten von Mädchen und Jungen auf öffentlichen Spielplätzen, vor allem im städtischen Bereich. Die größten Spielbereiche, die Teamspielbereiche, sind immer von den Burschen besetzt, die Mädchen stehen am Rand. Sie sind beim Spielen ruhiger, brauchen weniger Platz und beschäftigen sich zum Beispiel mit Puppen, Gummihüpfen oder erproben zu zweit die Klettermöglichkeiten. Zur gleichen Zeit toben und schreien die Buben beim Fußballspiel und messen ihre Kräfte.

Da Männer mit Konkurrenz derart vertraut sind, nehmen sie sie weit weniger persönlich und behalten die spielerische Komponente als Grundstruktur bei. Sie können Kämpfe wesentlich offener austragen, weil sie die positiven und beflügelnden Seiten von Wettbewerb im Spiel erlebt haben. Das Wort «Konkurrenz» an sich hat bei Frauen hingegen sehr oft einen negativen Beigeschmack. Doch vergessen Sie nicht die positive Seite von Wettbewerb, er beflügelt und motiviert uns. Konkurrenz schafft dann Beziehungen, wenn sie von Wertschätzung und nicht von Missgunst getragen ist.

Natürlich kann Konkurrenz auch ein sehr hässliches Gesicht haben. Frauen, die ein tiefverwurzeltes Gefühl des Zu-kurz-gekommen-Seins in sich tragen, werden sofort mit Neid und Abwertung reagieren, wenn eine andere Frau erfolgreich ist. Dieses Gefühl entspringt einer Erfahrung, die sie als Mädchen gemacht haben, oder sie haben es von ihrer Mutter als Teil von deren Frauenschicksal übermittelt bekommen. Vor allem richtet sich diese Haltung gegen andere Frauen. Männer sind für solche Frauen hingegen personifizierte Chancen, aus der erfolglosen Position herauszukommen, um die sie mit anderen Frauen kämpfen.

Darüber hinaus wird oft eine massive Missgunst Frauen gegenüber sichtbar, die sich einfach ein Stück vom Erfolgskuchen nehmen. Statt sich von ihnen anregen zu lassen und zu lernen, mit welcher Strategie sie erfolgreich sind, versuchen Neid-Frauen, diese Frauen abzuwerten und zu bremsen. Das sind dann in ihren Augen karrieresüchtige, egoistische Weiber, denen nicht zu trauen ist, die über Leichen gehen oder durch Betten. Oder die sich wichtig machen, zu laut sind und sich in den Mittelpunkt stellen.

Aber es sind in Wirklichkeit Frauen, die sich mit anderen messen und bei Bedarf damit leben, sich unbeliebt zu machen. Diese für eine berufliche Karriere notwendigen Eigenschaften werden mit viel Verachtung abgewertet. Das liegt wohl daran, dass die weibliche Sozialisation eine offene Konfrontation verbietet und Harmonie und viel Verständnis für andere fordert. Konflikte werden daher durch Tratsch und schlechte Nachrede, mit Mobbing oder kleinen indirekten Finten ausgetragen. Das sind allerdings destruktive Strategien, die Konflikte verschärfen, anstatt Lösungen zu suchen. Sie führen dazu, dass Misstrauen entsteht und keine neuen Bündnisse geschlossen werden. Wer einem Konflikt hingegen offen austrägt, hat nach der Klärung die Chance, wieder ein Vertrauensverhältnis aufzubauen und damit den Arbeitsalltag entspannter zu gestalten.

Hinweisen möchte ich darauf, dass der Konkurrenzkampf zwischen Frauen am Arbeitsplatz nicht nur von den Frauen selbst gemacht wird, wie gerne postuliert wird. Zu bedenken bleibt, dass für Frauen einerseits nur wenige gute und gehobene Posten zur Verfügung stehen. Die gläserne Decke bedingt also, dass die gegenseitige Förderung von Frauen zwangsläufig in eine schwere Konkurrenzsituation münden kann. Zum anderen schüren männliche Vorgesetzte gerne die Rivalität unter Frauen, weil dies ihre eigene Machtposition festigt. Denn Frauen, die sich solidarisieren, sind gefährlich, weil sie einen starken Machtblock bilden können. Werden hingegen nur vereinzelt Frauen gefördert, festigt dies die Position des Mentors und gibt ihm die Kontrolle darüber, wie weit und wo sie aufsteigt. Die männliche Angst vor der Solidarität unter Frauen ist nur zum Teil ein Spiegel der realen Verhältnisse. Genährt wird sie auch von der ganz normalen Angst der Mächtigen, dass sich die Kleingehaltenen irgendwann einmal gegen sie erheben könnten.

Es ist gut zu sehen, dass sich hier laufend etwas ändert und auch Frauen tragfähige Netzwerke innerhalb von Firmen bilden, um sich gegenseitig zu unterstützen. Wer sich mit Bündnispartnerinnen zusammentut, verringert deutlich Stress und Ängste, weil Informationen fließen und sich die berufliche

Situation im Netzwerk besser kontrollieren lässt. Unter diesen Umständen können Sie aktiv mitmischen und mitgestalten und sind nicht nur ein Spielstein, wenn es um die Interessen anderer geht. Sie und Ihr Netzwerk sind ein Machtfaktor, den Sie für sich nutzen können, und das wirkt ungemein positiv bei der Burn-out-Prävention. Sich selbst als handlungsfähig zu erleben, ist die beste Arznei gegen Burn-out. Und genau dafür sind Netzwerke und Bündnisse, auch mit anderen Frauen, wichtig und notwendig.

Tobende Chefs und rauer Umgangston

Soziale Kompetenz sowie ein höflicher und respektvoller Umgang mit anderen Menschen ist in den Führungsetagen keine Selbstverständlichkeit. Von tobenden und schreienden Chefs, die mindestens zweimal in der Woche einen Wutanfall bekommen, höre ich immer wieder. Entweder trifft es abwechselnd alle MitarbeiterInnen oder es wird eine Person herausgegriffen, die immer wieder als Opfer herhalten muss. Kritik wird nicht konstruktiv formuliert, sondern die oder der MitarbeiterIn wird in Grund und Boden gestampft, als Person entwertet und ihre oder seine ganze Arbeit als Mist bezeichnet. Wenn Sie betroffen sind und versuchen, derartige Attacken abzuwenden, indem Sie sich besonders anstrengen, laufen Sie große Gefahr, sich dabei auszubrennen. Wie sehr Sie sich auch bemühen, auch in Zukunft werden Sie als Ventil für Ärger und Frust oder was auch immer herhalten müssen. Immer wieder wird Ihre Vorgesetzte oder Ihr Vorgesetzter einen Fehler finden oder notfalls erfinden und Sie werden sich weiter gekränkt und ungerecht behandelt fühlen.

Eine Strategie, damit umzugehen, ist die des Durchzugs, «zum einen Ohr hinein, zum anderen wieder hinaus». Sie ist nicht ganz so kraftraubend wie das ständige Bemühen, aber unterschätzen Sie den psychischen Energieaufwand nicht, der nötig ist, um derartige Angriffe auszuhalten. Sich gegen Aggressionen abzuschotten, kostet Energie, untergräbt die Motivation und schädigt langfristig vielleicht auch Ihr Selbstbewusstsein. Sich eine sehr dicke Haut zulegen, um besser gegen die Schreiattacken geschützt zu sein, ist auch keine Lösung, denn diese lässt sich in Ihrem Privatleben nicht so einfach ablegen.

Ähnliches gilt, wenn Sie von stichelnden KollegInnen, die ständig blöde Sprüche klopfen, umgeben sind. Humor am Arbeitsplatz ist eine feine Sache, aber abwertende, sexistische oder rassistische Bemerkungen, die darauf abzielen, Sie kleinzumachen und den anderen groß, das hat mit Spaß nichts mehr zu tun. Hinter diesen Scherzen verbergen sich Bösartigkeiten. Wenn Sie nicht darüber lachen, werden Sie zusätzlich als humorlos diffamiert, aber sobald Sie mitmachen, geben Sie der Abwertung Raum.

Beides sind keine sinnvollen Reaktionen. Wenn in Ihrem Inneren die Wut brodelt und Sie sich zu einem Lächeln zwingen, um sich keine Blöße zu geben, verbrauchen Sie eine Menge Energie und Kraft. Viele Frauen ziehen es daher vor, solche Spitzen gar nicht zu bemerken, und nehmen den Angriff auf ihre Integrität gar nicht mehr wahr. Diese Strategie lässt sich nicht bewusst herbeiführen und ich bin überzeugt davon, dass die ständigen Abwertungen sehr wohl ihre Narben hinterlassen, auch wenn dies nicht bemerkt wird.

Gegen blöde Sprüche und schreiende Chefs hilft langfristig nur eine offensive Strategie. Wehren Sie sich und fordern Sie immer wieder in ruhigem und bestimmtem Ton einen respektvollen Umgang. Das mag Ihnen im Augenblick völlig unmöglich erscheinen. Doch auch hier können Sie einen Stufenplan entwerfen und sich Schritt für Schritt Ihrem Ziel, nicht mehr angeschrieen zu werden, nähern. Wenn Sie Nein zu blöden Sprüchen sagen, werden Sie anfangs als Zicke oder als humorlos bezeichnet werden, aber das gibt sich nach einiger Zeit wieder. Die Kollegen werden zwar zukünftig nicht aufhören, blöde Sprüche zu machen, sich aber in Ihrer Gegenwart zurückhalten. Nicht immer ist es möglich, sich erfolgreich gegen eine abwertende Behandlung zu wehren. In diesen Fällen kann die Konsequenz lauten, zu kündigen, um sich vor dem Ärger und dem Stress am Arbeitsplatz zu schützen.

Unterschiedliche Werte

Frau Schneider braucht dringend einen neuen Job, da die Firma, in der sie bisher gearbeitet hat, schließt. Sie war für die Öffentlichkeitsarbeit einer Umweltorganisation zuständig. Das beste Angebot erhält sie von einer großen Möbelfirma. Der Aufgabenbereich ist ihr zum Teil vertraut und das Betriebsklima in der Abteilung an sich sehr nett. Aber sie muss ihre tägliche Arbeit mit völlig anderen Werten unterlegen, denn hier ist Gewinnmaximierung das Ziel. Sie stuft sich als kompetent und gut in ihrem Job ein und dennoch sinkt ihre Motivation zusehends. Sie ist morgens müde und kommt kaum aus dem Bett. Ihre freundliche und gewinnende Art, Grundlage ihrer Arbeit, wirkt immer künstlicher und angestrengter. Aus Pflichtbewusstsein beißt sie sich durch Überstunden und Firmenreisen, aber das freudvolle Engagement ist längst verschwunden.

Ein solcher Wertekonflikt kann jede Motivation zunichtemachen. Frau Schneider ist zwar mit den richtigen Aufgaben betraut, befindet sich aber am falschen Platz. Die persönlichen Werte müssen mit denen der Firma oder der Organisation zusammenpassen. Ist der Unterschied zu groß, verliert die eigene Arbeit an Sinn und dies wiederum ist ein wichtiger Faktor bei der Entstehung eines Burn-outs.

Eine solche Situation kann auch entstehen, wenn Sie nach einem Personalabbau Tätigkeiten übernehmen müssen, die früher gar nicht zu Ihren Aufgaben gehört haben. Pflegepersonal, Polizisten und andere sozial Tätige kämpfen mit einer großen Menge an Bürokram und Schreibtischarbeit. Diese zusätzlichen Arbeiten haben oft gar nichts mit dem Wertesystem der damit Beschäftigten zu tun. Sie wollen anderen Menschen helfen und nicht die damit verbundenen Kosten verwalten, um eventuell sogar noch darauf hinzuweisen, wo weiter Gelder eingespart werden können.

Unterforderung

Nicht nur langjährige Überforderung, auch konstante Unterforderung kombiniert mit Druck und Disstress kann die Basis für ein Burn-out sein. Sobald Sie große Routine und Sicherheit in Ihrem Job entwickelt haben, stellt dieser keine Herausforderung mehr dar. Das Erfolgserleben hält sich in Grenzen, die Motivation sinkt. Das kann zu Langeweile und Frustration führen. Noch problematischer wird eine solche Situation, wenn Sie keine Freundin von Routine sind. Viele Menschen sind dafür dankbar oder erleben es als etwas Angenehmes, wenn ihnen die meisten Arbeitsschritte vertraut sind und nicht immer neue Aufgaben ihre Nerven belasten. Andere hingegen brauchen neuartige Herausforderungen, um ihre Motivation aufrechtzuerhalten. Fehlen Zeit und die Gelegenheiten dazu, auch einmal etwas anders zu machen, schwindet die Freunde am Beruf. Die Arbeit geht immer schleppender und mühsamer voran und aus dem früher belebenden Stress ist ein unangenehmer Disstress geworden. Das «Ich sollte» hat das «Ich will» abgelöst.

Ähnliches gilt, wenn Sie nach einer Umstrukturierung oder wegen der Krankheit einer Kollegin oder eines Kollegen Arbeiten erledigen müssen, die eigentlich nicht in Ihren Tätigkeitsbereich fallen oder für die Sie überqualifiziert sind. Damit sind Sie gezwungen, Zeit und Energie in Aufgaben zu investieren, zu denen Sie innerlich nicht Ja gesagt haben. Auf diese Weise verdoppelt sich der Energieverbrauch, da Sie zum einen die Arbeit erledigen und zum anderen Ihre Unlust oder mangelnde Motivation im Zaum halten müssen.

Wenn Sie Ihre Motivation und Freunde zurückgewinnen wollen, versuchen Sie, ungünstige Arbeitsaufteilungen rückgängig zu machen oder wenigstens manche der Aufgaben an KollegInnen zu delegieren. Ist das nicht möglich, so beteiligen Sie sich stärker an Ihren anderen Projekten, die Ihnen Raum für Neues und Spannendes bieten, während Sie die unbefriedigenden Aufgaben mit dem kleinstmöglichen Aufwand erledigen. Finden Sie heraus, wo neue Herausforderungen für Sie liegen, damit Sie wieder Anerkennung für Ihre Leistung und Selbstbestätigung bekommen.

Zur weiblichen Lebensrealität

Mehrfachbelastungen durch Kindererziehung, Haushalt oder die Pflege von Angehörigen haben sich für viele Frauen nicht in dem Maß verringert, wie die beruflichen Chancen und Erfolgsmöglichkeiten gewachsen sind. Gleiche Leistung, das gilt für Frauen und Männer, wenn es um die tägliche berufliche Arbeitszeit geht, aber von halbe-halbe bei den Aufgaben im Haushalt sowie bei der Kinderbetreuung sind viele Paare noch weit entfernt.

Der ganz normale Wahnsinn

Insgesamt betrachtet ist der familiäre Alltag mit Kindern und Haushalt immer noch Sache der Frauen. Das traditionelle Rollenbild von Frauen und Männern ist noch zu tief in uns verankert, als dass heute bereits eine gerechte Aufteilung der Arbeit im häuslichen Bereich möglich wäre.

So kommt es auch, dass vor allem Frauen ein schlechtes Gewissen haben, weil nicht genug Zeit für Kinder und Partnerschaft übrig bleibt. Doch es ist einfach unmöglich, im Job voll da zu sein und zusätzlich die Kinder perfekt zu versorgen. Wenn auch der Partner beruflich engagiert ist, muss auf Hilfe von außen zurückgegriffen werden. Ein schlechtes Gewissen haben aber meist die Frauen, nur ganz selten die Väter, obwohl sie die gleiche Verantwortung für das Wohl der Kinder tragen. Und immer wieder höre ich, wie die eigenen Eltern oder Schwiegereltern das Rabenmuttersyndrom noch verstärken, auch wenn sie als Babysitter hilfreich einspringen.

In der älteren Generation sind die Rollenbilder eben noch stärker etabliert und entsprechend gilt die Familie als Hauptaufgabe einer Frau, erst danach kommt der Beruf. Lassen Sie sich davon nicht beirren, fangen Sie bei sich selbst an: Beruf und Kinder lassen sich nur vereinbaren, wenn Sie es schaffen, Ihren Anspruch an die Möglichkeiten anzupassen. Erfahrene Pädagoginnen vertreten die Ansicht, dass es nicht notwendig ist, eine perfekte Mutter zu sein. Es reicht völlig aus, wenn Sie «gut genug» sind, «a good enough mother». Eine Mutter, die alles richtig macht, wäre ihren Kindern gar kein gutes Vorbild. Denn wie sollten sie dann lernen, mit Fehlern und der eigenen Unzulänglichkeit positiv umzugehen?

Die Situation von Alleinerziehenden ist noch einmal schwieriger, denn sie sind an sieben Tagen die Woche 24 Stunden im Einsatz, um Beruf, Haushalt und Kinder unter einen Hut zu bekommen. Bei ihnen geht es auch nicht um Karrieren, sondern oft genug einfach darum, genug Geld nach Hause zu bringen, und zwar verlässlich. Diese Verantwortung lastet schwer auf den Schultern der Frauen, es gibt kaum Spielraum. Und der Druck, immer dranbleiben zu müssen, vermindert das Gefühl, das eigene Leben selbst gestalten zu können. Zu viele Rahmenbedingungen und Anforderungen bestimmen den Alltag.

Wenn Sie alleinerziehend sind, kennen Sie die Situation: Die Kinder müssen rechtzeitig in den Kindergarten oder die Schule gebracht werden, gleichzeitig müssen Sie sich auf Ihren Job vorbereiten, den Sie auf keinen Fall verlieren dürfen, da das Geld sowieso schon knapp ist. Vielleicht müssen Sie auch immer wieder Vorurteilen begegnen und unter Beweis stellen, dass Sie eine verlässliche und belastbare Mitarbeiterin sind. Die Fixkosten für Auto und Wohnung, für die Kleidung der Kinder, all diese Verpflichtungen hängen an Ihnen.

Selbständige können vielleicht ihre Zeit selbst einteilen und so Kinder und Beruf leichter vereinbaren, aber der Druck, nicht krank zu werden und immer genug Aufträge an Land zu ziehen, ist enorm groß. Niemand wird einspringen, wenn etwas schiefläuft. Der Gedanke, dass dies in den nächsten Jahren so bleibt, ist für viele Frauen erdrückend. Einen neuen Partner kennenzulernen, der einen Teil der Belastung mittragen könnte, ist ein verlockender Gedanke, gibt aber keine Garantie.

Tatsächlich einen Partner zu finden, ist für erfolgreiche Frauen schon aus zeitlichen Gründen schwer, doch für Frauen mit Doppelbelastung stellt dies eine besondere Herausforderung dar. Der gesellschaftliche Druck und die mitleidigen Blicke, die eine Frau ohne Partner meist erntet, erleichtern die Situation nicht, außerdem untergräbt dies das Selbstbewusstsein der Frau. Hinzu kommt, dass es leider nicht viele Männer gibt, die Frauen ebenso gerne bei ihrer Karriere unterstützen, wie es umgekehrt selbstverständlich der Fall wäre.

Das klassische Rollenbild des Mannes als der Stärkere und als Ernährer der Familie und die Frau als emotional Unterstützende wirkt immer noch in vielen Menschen fort. Wenn es um die Karrierewünsche der Frauen geht, muss das Bild doch noch ordentlich überarbeitet werden. Dieser klassische Konflikt führt dazu, dass die Burn-out-Prävention vor allem für Frauen schwierig ist. Denn er verleitet dazu, beruflich wie privat alle Erwartungen und Rollenerfordernisse erfüllen zu wollen – und das zehrt an den Energiereserven. Doch die Tendenz geht in die richtige Richtung, immer mehr Männer lernen, mit den Karrierewünschen der Partnerin gut zu leben und sie darin aktiv zu unterstützen.

Die veralteten Rollenbilder zeigen sich auch bei einem anderen Thema: Wer fühlt sich für die Pflege kranker Eltern und Verwandter zuständig? Es scheint ganz selbstverständlich Aufgabe der Frau und Tochter zu sein, dies zu übernehmen. So werden fadenscheinige Argumente angeführt – Frauen sind fürsorglicher und ertragen das Leid anderer besser –, um eine gerechte Aufgabenverteilung zu unterlaufen. Nach einer Studie von Statistik Austria aus dem Jahr 2005 haben zehn Prozent der Frauen bereits einen Angehörigen gepflegt, während es bei den Männern nur sechs Prozent waren. Der Zeitaufwand für die Pflege wurde leider nicht erhoben. Da die Lebenserwartung deutlich gestiegen ist, werden sich diese Werte erhöhen und die Mehrfachbelastung für Frauen wird in Zukunft noch steigen.

Nun die große Frage: Wo können Sie ansetzen, um die familiären Belastungen zu reduzieren? Der erste Schritt liegt darin, dass verbindlich Termine abgesprochen und Aufgaben verteilt werden. Das gilt nicht nur für Sie und Ihren Partner, sondern auch für die Kinder. Sie müssen nicht immer für alle verfügbar sein, sobald Sie Ihre Wohnung oder das Haus betreten haben. Suchen Sie sich einen Ort, an dem Sie Ruhe haben, auch wenn es nur für eine halbe Stunde ist. Das kann die Badewanne sein oder Ihr Lieblingsplatz auf dem Sofa. Sprechen Sie dies genau ab und halten Sie sich selbst daran, dass Sie Pause haben. Überlegen Sie außerdem gemeinsam mit Ihrem Partner, welche Aufgaben Sie problemlos an andere delegieren könnten, zum Beispiel an eine Haushaltshilfe, eine Au-pair oder an eine Gärtnerin oder einen Gärtner.

Verabschieden Sie sich von der Vorstellung, dass Sie Ihre Liebe und Zuneigung alleine durch Versorgungsleistungen zeigen können. Auch wenn Sie wenig im Haushalt leisten und nicht immer kochen wollen, sind Sie eine liebende Mutter und Partnerin. Ihre Zuneigung wird stärker spürbar, wenn Sie Zeit mit Kindern und Partner verbringen, gemeinsam entspannen oder Spaß haben.

Dennoch stehen Sie als Frau immer wieder vor der Frage, welche Prioritäten Sie in Ihrem Leben setzen wollen. Wie wirkt sich eine Auszeit für die Kinderbetreuung auf meine Karriere aus? Habe ich Zeit für ein weiteres Kind? Muss ich dann wieder einen Karriereschritt rückwärts in Kauf nehmen? Wie wird es sich auswirken, wenn ich mehr Zeit mit den Kindern oder dem Partner verbringen will und deswegen ein wichtiges Geschäftsessen versäume oder manch hilfreiche Kontakte nicht knüpfen kann? Für Frauen sind diese und die folgenden Fragen immer wieder aktuell und müssen immer wieder neu beantwortet werden. Das Gesellschaftssystem zu verändern, dauert bekanntlich etwas länger, setzen Sie daher dort an, wo Sie direkt Einfluss haben. Nehmen Sie sich nun als Erstes ein Blatt Papier und notieren Sie Ihre Gedanken zu den folgenden Fragen.

- Was wünsche ich mir von meinem Berufsleben?
- Was fehlt und was habe ich bereits erreicht?
- Was ist in meinem Privatleben so, wie ich es mir wünsche, und was macht mich nicht glücklich?
- Was hindert mich daran, das nicht Passende zu ändern? (Vielleicht entdecken Sie, dass Sie Bügeln hassen, aber die Verpflichtung fühlen, es als Frau selbst tun zu müssen.)
- Welche Erziehungsnormen, welche Klischeevorstellungen oder welche inneren Stimmen halten mich davon ab, etwas zu verändern?
- Wo kann ich Aufgaben und Verantwortungen nicht loslassen, obwohl bereits andere Lösungen im Raum stehen?

Der zweite Schritt besteht darin, FreundInnen ins Vertrauen zu ziehen. Lassen Sie sich von deren Erfahrungen, wie sie ihr Privatleben und ihre häuslichen Pflichten meistern, inspirieren. Probieren Sie Neues aus, aber lassen Sie sich dabei nicht unter Druck setzen. Was bei Ihrer Freundin wunderbar funktioniert, passt in Ihr Leben vielleicht gar nicht hinein. Sobald Sie zu akzeptieren beginnen, dass Haushalt und Familie nicht allein auf Ihren Schultern lasten dürfen, sondern die Aufgaben zwischen Ihnen und Ihrem Partner aufgeteilt werden sollten, sind Sie bereits einen mächtigen Schritt vorwärtsgekommen.

Kein Platz für Lebenskrisen

Im täglichen Balanceakt, allen Ansprüchen und Anforderungen gerecht zu werden und das bisschen Erholungszeit gegen all die Pflichten zu verteidigen, bleibt kein Spielraum mehr für Lebenskrisen. Dramatische Ereignisse wie Krankheit in der Familie, Scheidung/Trennung oder Katastrophen wie Wohnungsbrand und Unfall bringen das gerade noch gehaltene Gleichgewicht endgültig zum Kippen. Für Sie ist es selbstverständlich, dass Sie so oft wie möglich Ihre Mutter im Krankenhaus besuchen, aber die Angst um sie und der zusätzliche Stress werfen Sie schließlich nach drei Monaten um. Oder stellen Sie sich vor, Sie entscheiden sich nach langem Hin und Her zu einer Trennung von Ihrem Partner. Auch wenn die Initiative von Ihnen ausgeht, leiden Sie sehr unter diesem Schritt und brauchen viel Zeit zum Trauern. Neben Wohnungssuche und Umzug, Streit um die DVD-Sammlung und feuchtfröhlichen Nächten mit Ihren FreundInnen besteht der berufliche Druck weiterhin. Immer wieder flüchten Sie mit Herzrasen und Schweißausbrüchen aus Ihrem Büro, immer öfter versetzen Sie Panikattacken in Todesangst. Ihnen ist einfach alles zu viel geworden.

An einem Arbeitsplatz, der ein Burn-out begünstigt, kämpfen Sie tagtäglich um Ihre innere Balance, arbeiten Sie immer am Limit. Für zusätzliche belastende Lebenssituationen stehen keine Energiereserven mehr zur Verfügung. Nehmen Sie deren Stressfaktor dennoch unbedingt ernst. Wer sich sehr nahe an seiner Grenze bewegt, muss – wenn ein neues Ereignis hinzukommt – eine Belastung streichen oder zumindest zurückschrauben. Sobald Ihnen Sätze wie «Ich schaff das schon» oder «Nein, nicht das auch noch, aber es muss gehen» über die Lippen kommen, bremsen Sie sich ein. Denn die Gefahr, akut um eine oder gar zwei Burn-out-Stufen aufzusteigen, ist sehr, sehr groß.

Daher die Empfehlung: Nehmen Sie sich mehr als zwei Tage für den Umzug frei. Sprechen Sie mit Ihrer Chefin oder Ihrem Chef, wenn Ihr Partner oder ein Kind krank geworden ist. Sie müssen sich beruflich frühzeitig entlasten. Schließlich ist niemandem geholfen, wenn Sie am Ende zusammenbrechen.

Der persönliche innere Nährboden

Wer all die stressfördernden Rahmenbedingungen am Arbeitsplatz und im privaten Umfeld managen will, braucht kluge Strategien und viel Durchhaltevermögen. Doch selbst dann gibt es persönliche Erwartungen und unbewusste Ängste, die unsere Strategien durchkreuzen. Sie kennen vielleicht die immer wiederkehrende Situation, dass Sie sich vorgenommen haben, pünktlich Ihre Arbeitsstelle zu verlassen, aber Sie schaffen es einfach nicht. Ihr Kopf weiß genau, wie Sie sich verhalten sollten, um Gesundheit und Wohlbefinden zu fördern. Aber irgendetwas hält Sie davon ab, diese klugen Dinge umzusetzen. Es scheint so, als wären innere Automatismen am Werk, die sich nur ganz schwer unterbrechen lassen. Derartige Muster stammen meist aus der Vergangenheit, jedoch lohnt es sich, diese freizulegen, damit Sie und nicht diese alten Muster Ihre Entscheidungen treffen.

«Weiblicher Perfektionismus» und die Angst vor Fehlern

Perfektionismus ist eine der wichtigsten Ursachen, warum Frauen ausbrennen. In Kombination mit belastenden Rahmenbedingungen treibt er Frauen bis weit über ihre Belastungsgrenzen. Jeder Tag ein neuer Kraftakt, eine neue Anstrengung, um noch besser zu werden oder um wenigstens gut genug zu sein. Perfekt im Job, perfekt als Partnerin, eine perfekte Figur und eine perfekte Wohnung als Garantie für Glück, Anerkennung und Erfolg. Doch irgendwie funktioniert das bei den anderen immer besser als bei mir. Trotz aller Anstrengung werde ich immer müder und immer genervter. Vielleicht bin ich nicht gut genug, nicht gescheit genug, nicht liebenswert genug. Stopp! Bringen Sie den Kreislauf aus negativen Gedanken und aus Selbstvorwürfen zum Stillstand. Sagen Sie Nein zu dieser negativen Gedankenspirale.

Doch was ist eigentlich Perfektionismus? Darunter verstehe ich das Bemühen, möglichst immer eine fehlerfreie Höchstleistung zu erbringen, auch wenn es nicht nötig oder nicht möglich ist. Fast jeder Mensch ist irgendwo ein Perfektionist. Der Wunsch, etwas ganz genau und genau richtig zu machen, kann mit viel Lust und Freude verknüpft sein. Belastend wird er erst dann, wenn die Vorstellung des Nichterreichens mit negativen Gefühlen, Selbstvorwürfen, Angst oder Ärger verbunden wird. Dies gilt für beide Formen des Perfektionismus, für den extrovertierten genauso wie für den introvertierten. Bei der ersten Variante ist vor allem wichtig, was die anderen von Ihnen denken könnten. Das Ziel ist Anerkennung und Akzeptanz durch andere. Bei der zweiten Form besteht das Schlachtfeld aus der Summe der eigenen (sehr hohen) Erwartungen. Menschen, die diese Art von Perfektionismus pflegen, sind ausgesprochen streng mit sich selbst, verlangen viel von sich und verfügen über ein großes Repertoire an nicht sehr netten Bezeichnungen für sich selbst.

Doch was macht Perfektionismus eigentlich so attraktiv? Sicher haben Sie auch schon gemerkt, dass es gar nicht so einfach ist, sich von ihm zu trennen. Das liegt einerseits daran, dass Sie ihn über eine lange Zeit eingeübt haben, andererseits hilft er Ihnen, Ihre Ängste im Griff zu behalten. Diese sind vor allem mit Unsicherheiten sich selbst gegenüber verbunden: «Ich bin nicht gut genug», «Niemand liebt mich, so wie ich aussehe oder bin» «Niemand nimmt mich ernst», «Ich bin nicht richtig, so wie ich bin», «Wenn ich mich auf andere verlasse, bin ich verlassen». «Es wird etwas Furchtbares passieren, wenn ich einen Fehler mache» usw. Vielleicht erkennen Sie einen dieser Sätze als Antrieb für Ihre täglichen Anstrengungen.

Ich möchte nicht jede Form von Perfektionismus einfach über Bord werfen. Sehr dankbar bin ich zum Beispiel, wenn die oder der FlugzeugmechanikerIn PerfektionistIn ist. Wichtig ist aber, dass Sie festlegen, wann Sie perfekt sein wollen, und dass Sie unterscheiden können, wann es nicht nötig oder möglich ist. Treffen Sie dazu eine bewusste Entscheidung: «Ich will meinen Perfektionismus auf ein angenehmes Maß reduzieren.» Als Erstes finden Sie nun heraus, welche Funktion Ihr Perfektionismus erfüllt. Welche Ängste hilft er im Zaun zu halten und in welchen Situationen übernimmt er die Kontrolle über Ihr Leben? Behalten Sie immer im Hinterkopf, dass Sie keine perfekte Nicht-Perfektionistin werden müssen.

Bringen Sie dann Ihre Prioritäten in Einklang mit Ihren Zeit- und Energieressourcen. Checken Sie als Erstes Ihren Zeithaushalt: Für was verwenden Sie wie viel Zeit? Geben Sie den einzelnen Tätigkeiten und Bereichen Punkte für deren Wichtigkeit. Vergleichen Sie dann die aufgewendete Zeit und die Priorität der einzelnen Bereiche. Hinterfragen Sie ihre Rangfolge: Warum ist mir dieser Punkt so wichtig? Welcher Wert oder welches Ziel steht dahinter? Sind diese Werte und Prioritäten in meinem Lebens- und Arbeitsalltag realistisch umsetzbar?

Bedenken Sie dabei, dass die Angst vor Fehlern bei vielen Perfektionistinnen ein treibender Faktor ist und daher ihre Prioritäten verschiebt. Betrachten Sie Fehler einmal als eine gute Informationsquelle, denn sie zeigen uns, wo es Bedarf für Verbesserungen und somit Raum für Weiterentwicklung gibt. Sind Freude und Spaß ein Punkt auf Ihrer persönlichen Prioritätenliste? Schieben Sie diese Aspekte ruhig weiter nach oben, da sie zu hohen Ansprüchen und Strenge entgegenwirken. Ist es nicht sehr beruhigend, dass Glück nicht von Leistung und Perfektion abhängt, sondern damit verknüpft ist, dass Sie sich so mögen und akzeptieren wie Sie sind? Mit all Ihren Eigenheiten und Ungenauigkeiten? Und meist ist es ja auch genau das, was Sie an anderen so liebenswert finden.

Selbstpräsentation

Frauen haben oft Schwierigkeiten, die eigene Leistung anzuerkennen und ins beste Licht zu rücken. Der gerade dargestellte Perfektionismus macht es schwer, das Haar in der Suppe einfach einmal zu übersehen und die Selbstkritik nicht zu übertreiben. Überlegen Sie einmal, von wem Sie Bestätigung und Anerkennung erhalten und von wem Sie sich diese wünschen? Und was tun Sie dafür, um Anerkennung zu bekommen? Eine beliebte Strategie von Frauen besteht darin, vollen Einsatz und gute Arbeit zu liefern.

Allerdings führt diese meistens nicht zum Ziel. Männer agieren anders und männliche Chefs reagieren somit auch auf etwas anderes. Viele Männer reservieren einen Teil ihrer Arbeitszeit geradezu dafür, ihre Leistungen zu präsentieren. Machen Sie sich bewusst, dass Bescheidenheit eine der «weiblichen Tugenden», beruflich aber völlig kontraproduktiv ist. «Bescheidenheit ist eine Zier, aber weiter kommt frau ohne ihr.» Angeben und Prahlen steht auf der anderen Seite der Medaille und wirkt auch nicht ideal. Aber es gibt einen Mittelweg zwischen den beiden Extremen. Auch wenn es Ihnen widerstrebt, auf Ihre Erfolge hinzuweisen, es ist unbedingt notwendig. Denn gesehen wird nur, was ans Licht gebracht wird. Seien Sie stolz auf Ihre Leistungen und scheuen Sie sich nicht, diese auf Ihre Art und Weise auch sichtbar zu machen.

Fremde Lorbeeren und Bescheidenheit

Frauen prahlen nicht mit ihren Ideen und Erfolgen, das macht es auch so leicht, sich ihre Ideen und Projektstrategien anzueignen. Geduldig warten sie auf die verdiente Anerkennung und verlassen sich darauf, dass die oder der Vorgesetzte Veränderungen oder Projektfortschritte von selbst bemerkt. Diese passive Haltung birgt die Gefahr, das jemand anderer schneller ist, der weniger Skrupel hat, die eigene oder fremde Leistung ins Rampenlicht zu stellen. Bescheidenheit ist eine Zier, das wird uns Frauen schon früh beigebracht. Wir sollen zwar Leistungen erbringen, doch es wäre ein Widerspruch zum Gebot der Bescheidenheit, die verdiente Anerkennung einzufordern. Damit sind der Ausbeutung Tür und Tor geöffnet.

Viele Vorgesetzte sind selbst so unter Druck, dass sie keine Zeit mehr haben, die Arbeit in ihrer Abteilung selbst zu bewerten. Meist bleibt hängen, was in schöner und anschaulicher Form präsentiert wird. Selbst unausgegorene Ideen bleiben im Gedächnis, wenn sie gut verpackt sind. Zudem kommt es darauf an, wer die Idee oder das Konzept präsentiert. Stellen Sie sich vor, Sie haben sich ein neues Projekt ausgedacht und besprechen es in Ihrem Team. Wenn dann aber ein Kollege diese Idee den Vorgesetzten vorstellt, zu welcher Verküpfung wird es kommen? Natürlich, selbst wenn der Kollege fair ist und deutlich sagt, dass Sie die Schöpferin sind, bleibt er als Person im Gedächnis aller Anwesenden haften. Und viele sind erst gar nicht so fair, sondern verbuchen ungeniert fremde Erfolge für sich.

Der beste Schutz davor ist das Sichtbarmachen der eigenen Leistung. Wenn Sie eine Idee haben, reden Sie darüber nicht nur in dem Team, mit dem Sie sie umsetzen werden, sondern auch gleich mit Ihrer Chefin oder Ihrem Chef. Dazu müssen Sie nicht angeben, sondern vielmehr Ihren ganz eigenen Stil finden. Nutzen Sie Ihre informellen Netze, Gespräche in der Kaffeeküche, die Kontakte auf dem Weg in die Arbeit oder bringen Sie Ihre Information in der kurzen Plauderei mit Ihrer oder Ihrem Vorgesetzten vor einem Meeting unter. Wenn Sie selbst stolz auf Ihre Leistung sind, werden Sie sicher auf passende Weise darüber sprechen. Damit sind Sie die Erste, die von der neuen Idee erzählt, und bleiben im Gedächnis des anderen mit dem Projekt verknüpft, egal wer sich später die Lorbeeren umhängen will.

Natürlich setzen Sie sich mit diesem Vorgehen auch Neid und Missgunst aus. Stellen Sie sich diesen Gefühlen und gehen Sie auf keinen Fall dazu über, Ihre KollegInnen durch Zurückhaltung nur ja nicht neidisch werden zu lassen. Sie dürfen gut sein und dies auch sichtbar machen. Und Sie können und sollten selbst dazu beitragen, sich vor Ärger und Frustration infolge von Ideenklau zu schützen. Damit sparen Sie viel Energie und leisten wertvolle Burn-out-Prävention. Vielen Frauen fällt es generell schwer, ihre Leistungen hervorzuheben, oder sie finden es unpassend, immer wieder auf ihre Urheberschaft zu verweisen. In solchen Fällen können Besprechungsprotokolle sowie Aktennotizen dem Ideenschutz dienen. Wenn Sie aber von völligen Ignoranten umgeben sind oder Ihr Arbeitsplatz einer Kampfarena gleicht, müssen Sie möglicherweise zu härteren

Mitteln greifen oder auf die Anerkennung pfeifen und sich über kurz oder lang einen neuen Job suchen.

Selbstwert und Kommunikation

Wie kommunizieren Sie mit sich selbst, wenn Sie einen Fehler oder etwas gut gemacht haben oder wenn Sie sich überarbeitet und müde fühlen? Wie reden Sie im Geiste mit sich? Gehen Sie mit sich genauso verständnisvoll und geduldig um wie mit Ihrer Kollegin oder Freundin oder sind Sie sehr streng und verurteilen sich? Beschimpfen Sie sich mit «blöde Kuh» oder sagen Sie zu sich selbst «Wie kann man nur so dumm sein»?

Frauen sind viel zu schnell dabei, sich die Schuld für etwas zu geben. Doch je liebevoller und verständnisvoller Sie selbst mit sich sprechen, umso besser ist es für Ihren Selbstwert. Außerdem fällt es Ihnen dann leichter, mit Fehlern und Kritik umzugehen, und Sie werden achtsamer in Bezug auf Ihre Grenzen und Bedürfnisse. So hat ein Burn-out keine Chance.

Nun werfen Sie einen Blick auf Ihre Kommunikation nach außen. Wie oft verwenden Sie die Wörter «eigentlich», «vielleicht», «würde», «könnte» oder andere Weichmacher? Fangen wir mit dem Wort «eigentlich» an. Es leitet immer ein «Aber» ein. «Eigentlich geht es mir gut.» Spüren Sie selbst den Unterschied zu der Aussage: «Es geht mir gut.» «Eigentlich» klingt wie eine Entschuldigung und bereitet auf eine Abschwächung oder Relativierung vor. Das wirkt sich im beruflichen Kontext schnell aus. «Eigentlich sind ich und meine MitarbeiterInnen völlig ausgelastet.» Oder: «Unser Vorschlag erfüllt eigentlich alle Projektvorgaben.» Ihr Gegenüber wartet geradezu auf das Aber, vor allem wenn es in seinem Interesse wäre. Die Botschaft kommt beim Zuhörer dann folgendermaßen an: «Eigentlich sind wir völlig ausgelastet, aber ein kleines Projekt kriegen wir noch unter.»

Ähnliches gilt für das Wort «vielleicht». Es vermittelt, dass Sie unsicher sind, und bietet andere Möglichkeiten an. Entscheiden Sie bewusst, ob Sie dies wollen oder nicht. Während einer offenen Diskussion kann das Wort sehr hilfreich sein, während einer Präsentation oder wenn Sie Ihre Interessen oder die Ihres Teams durchzusetzen wollen, ist es völlig kontraproduktiv. Wenn zum Beispiel eine Idee nicht gut kommuniziert wird, geht ihre Brillanz verloren. Oder Ihre Ideen und Vorschläge werden nicht ernstgenommen, wenn Sie sie nicht mit Selbstüberzeugung präsentieren. Im sozialen Bereich verwenden viele diese Weichmacher bewusst. Sie können sehr nützlich sein, wenn Sie offenen Widerstand befürchten oder wenn Sie Ihre Idee ganz bewusst als Vorschlag markieren wollen. Formulierungen mit «würde» oder «könnte» sind von Frauen oft höflich gemeint, werden aber von vielen Männern als Schwäche verstanden. Also machen Sie Ihre Kompetenz und Ihr Wissen durch solche Relativierungen nicht klein, damit signalisieren Sie nichts als Unsicherheit und wenig Selbstvertrauen.

Doch Sie kommunizieren nicht nur verbal. Ihre Körpersprache, Ihr Outfit, selbst Ihre Sitzposition in einem Meeting können etwas über Sie aussagen. Nutzen Sie die verschiedenen Kommunikationskanäle zu Ihrem Vorteil, gerade wenn Sie sich sehr anstrengen müssen, um Ihre Position zu schützen, oder wenn die Konkurrenz groß ist. Verleihen Sie Ihren Worten möglichst Gewicht und Macht. Das funktioniert am besten, indem Sie sich selbst wichtig nehmen. Spüren Sie dabei eine innere Scheu? Gehen Sie Ihrer Zurückhaltung auf den Grund, prüfen Sie Ihre Werte und Ihre inneren Glaubenssätze. Was hindert Sie daran, sich selbst wichtig zu nehmen? Sobald Sie es geschafft haben, Ihren Selbstwert und Ihre Bedeutung zu stärken, werden Sie merken, wie Ihre Körperhaltung selbstbewusster, Ihre Stimme tiefer und Ihre Sprachwahl klarer wird. Damit werden Sie und Ihre Vorschläge ernster genommen und Sie können viel Energie sparen, weil sich manches leichter durchsetzen lässt. Dazu gehört auch, dass Ihr Nein deutlicher ausfällt und eher unwichtige Aufgaben nicht mehr so einfach an Ihnen hängenbleiben.

Die unterschiedlichen Rollen

Männer und Frauen benutzen zum Teil verschiedene Strategien und selbst wenn sie das gleiche Verhalten an den Tag legen, wird es anders wahrgenommen und bewertet. «Wenn zwei dasselbe tun, ist es noch lange nicht das Gleiche», das stimmt im Hinblick auf Frauen und Männer in jedem Fall. Es ist enorm wichtig, die Unterschiede zwischen den Geschlechtern zu kennen und das eigene Tun darauf abzustimmen, damit Sie sich nicht selbst Steine in den Weg legen.

Einige Frauen erleben keine Ungleichbehandlung mehr, sie fühlen sich gleichberechtigt unter den Männern. Wenn dem wirklich so ist, zeugt das von einer positiven gesellschaftlichen Entwicklung und von einem förderlichen Betriebsklima. Doch leider kann der erste Anschein täuschen, denn bei genauerer Analyse zeigt sich manchmal, dass hier der Wunsch die Mutter des Gedankens war. Oder anders ausgedrückt, viele Frauen bemerken Ungleichbehandlung und negative Bewertung nicht mehr, sie haben sich daran gewöhnt und empfinden sie als Normalität.

Die kleinen Unterschiede bei der Erziehung

Viele Studien haben deutlich gezeigt, dass Mädchen und Jungen unterschiedlich erzogen und und in unterschiedlichen Dingen bestärkt werden. Das passiert nicht nur im Elternhaus, sondern setzt sich in der Schule oder beim Sport fort. Immer wieder fällt mir auf, dass Frauen dazu erzogen wurden, dass sie es schaffen *müssen*, Männer hingegen *werden* es schaffen. So heißt es zum

Beispiel bei Jungen: «Wenn du studierst …» oder «Wenn du Architekt bist …» Zu Mädchen wird eher gesagt: «Falls du studieren solltest, …» Männer hören klare Botschaften, Frauen hingegen Wahrscheinlichkeiten.

Und während Männer auf eine berufliche Karriere vorbereitet werden, stehen bei Frauen immer noch Haushalt und Mutterschaft im Vordergrund, daneben erst der Beruf. Oder sie erleben als Mädchen am Modell der eigenen Mutter, wie schwer sich ein Beruf mit all den Mühen der Mehrfachbelastung und dem schlechten Gewissen wegen der Kinder vereinbaren lässt. Wenn sich eine Frau für eine Karriere entscheidet, muss sie täglich um Legitimation kämpfen. «Darf ich als Frau die Karriere vorziehen oder bin ich keine richtige Frau, wenn ich die Familiengründung weniger wichtig finde?» Vieles hat sich in den letzten Jahren bereits verändert, aber immer noch geistern diese alten Rollenbilder in den Köpfen der meisten Menschen und in der eigenen Vorstellungswelt herum.

Umgang mit Macht

Männer streben nach Macht und setzen sie auch gerne ein, wenn sie darüber verfügen. Auch Frauen wünschen sich Macht, haben aber Angst, sie einzusetzen. Macht ist für viele Frauen mit negativen Assoziationen verknüpft, mit Manipulation, Unterdrückung und Missbrauch. Wer mächtig ist, wird gefürchtet, ist aggressiv und wirkt einschüchternd. Und all dies steht im Widerspruch zur weiblichen Rolle und den damit verbundenen Werten. So wünschen sich Frauen, dass sie wegen ihrer Kompetenz und ihres Verantwortungsbewusstseins anerkannt werden, und hoffen, dass andere ihre Entscheidungen und ihre Arbeit schätzen. Männer benutzen Macht ganz bewusst, um ihre Vorstellungen zu verwirklichen, und überumpeln damit die Frauen samt ihrem Fair Play und ihrer Zurückhaltung. Viele Frauen haben Macht in der Rolle des Opfers erlebt, als Kinder zu dominanter Eltern, durch die körperliche Überlegenheit junger Burschen, bei sexuellen Übergriffen und Gewalt. Da verwundert es nicht, wenn sich Macht sehr schnell mit Machtmissbrauch verknüpft.

Vielleicht haben Sie sich selbst das Versprechen gegeben, Ihre Macht niemals derart missbrächlich zu verwenden, wie Sie es am eigenen Leib erlebt haben. Dann werden Sie möglicherweise einen weiten Bogen um die (positive) Nutzung von Macht machen. Oder Sie haben sich versprochen, nie mehr in die Rolle der Unterlegenen zu kommen, und nutzen nun unreflektiert jede Möglichkeit, Macht auszuüben – um jeden Preis. Damit übersehen Sie jedoch sehr leicht das Potenzial von Kooperation und positiver Motivation. Beide Strategien, die Macht zu meiden oder sie unbedingt zu halten, machen Sie unfrei. So verhindern Sie, dass Sie Macht positiv und konstruktiv nutzen können.

Nachgeben

Ich erlebe bei Frauen oft einen sehr ausgeprägten Sinn für Fair Play, der sie dazu verleitet, zu schnell nachzugeben. Männer wehren sich, wenn ihr Territorium betreten wird oder wenn sie benachteiligt werden. Sie nehmen alle Möglichkeiten wahr, die sie zum Erfolg bringen könnten. Für Frauen ist Nachgeben oder Zurückstecken aber geradezu ein hoher moralischer Wert. «Die Klügere gibt nach», das ist ein Spruch, der vielen Frauen im Kopf herumgeistert. Sie gehen fälschlicherweise davon aus, dass ihr Nachgeben bewirkt, dass beim nächsten Mal der andere aus Fairness zurücksteckt. Sind Sie auch eine Meisterin im Nachgeben? Dann kennen Sie sicher die große Enttäuschung, wenn der andere beim nächsten Konflikt überhaupt nicht daran denkt, nachzugeben. Im Gegenteil, gestärkt durch die letzte Erfahrung wird er wieder auf sein Anliegen beharren.

Für Ungeübte ist es allerdings eine ziemliche Herausforderung, einmal nicht nachzugeben. Gehören Sie auch zu denjenigen, bei denen Nichtnachgeben Angst und Unbehagen auslöst? Das liegt daran, dass Sie befürchten, sich unbeliebt zu machen, oder schon eine Fülle an unangenehmen Konsequenzen auf sich zukommen sehen. Männern ist das meist egal, da sie sich im Recht fühlen. Bei Frauen hingegen tauchen ganz schnell Gedanken auf, die das eigene Anliegen relativieren. Sie geben nach, werden aber von den anderen nicht als die Klügere wahrgenommen, sondern als Schwächere.

Bedenken Sie, dass Männer berufliche Konflikte nicht so persönlich nehmen, wie Frauen es tun. Daher lassen sie sich auch leichter auf Auseinandersetzungen ein. Sich durchzusetzen, ist ein Spiel. Sie haben es von Kindesbeinen an im Sport gelernt und sind schon als Buben darin bestärkt worden. Frauen hingegen schlucken ihren Ärger hinunter und geben des lieben Friedens willen nach. Ihr Gegenüber stolziert als Sieger hinaus und sie haben alle Hände voll zu tun, um wenigsten vor sich selbst nicht als Verliererin dazustehen. Lassen Sie sich darauf nicht ein, denn letztendlich schwächen Sie damit Ihre Position, haben mehr Arbeit und sind auch noch wütend.

Risiken eingehen

Frauen überlegen sich sehr genau, ob sie eine neue Aufgabe auch bewältigen können, ob sie sich Feinde machen, wenn sie sie übernehmen, oder sind im Nachhinein viel zu dankbar dafür, dass sie diese Position erhalten haben. Die Angst vor Fehlern schwächt zusätzlich die Bereitschaft, sich auf einen neuen Wirkungsbereich einzulassen. Alles in allem sind Frauen Meister darin, rationale Argumente zu finden, um ja kein Risiko eingehen zu müssen.

Männer sind im Durchschnitt risikofreudiger. Beim Teamsport in der Kindheit hat sich immer wieder die Chance geboten, kleine Risiken einzugehen. Dabei haben Jungen erfahren, dass sie gewinnen und verlieren können und dass weder das eine noch das andere das Ende der Welt bedeutet. Sie können aufgrund ihrer frühen Erfahrungen spielerischer mit Risiken umgehen. Mädchen hingegen werden ganz anderes erzogen: «Sei vorsichtig, tu dir nicht weh», «Pass auf, mach dich nicht schmutzig». Diese ängstlichen Ermahnungen haben ihnen gezeigt, dass immer etwas passieren kann. Daher haben sie das Gefühl, sich viel stärker absichern zu müssen, bevor sie ein Risiko eingehen. Dieses zusätzliche Absichern bedeutet mehr Arbeit und Sorgen. Und das wiederum bereitet den Boden für ein Burn-out.

Überfürsorglichkeit

Fürsorglichkeit ist eine wunderbare Eigenschaft, die aber dann zum Burn-out-Faktor wird, wenn sie sich nur auf andere bezieht und ein gesundes Maß übersteigt. Lassen Sie sich selbst die gleiche Fürsorge angedeihen, wie sie andere von Ihnen bekommen? Wenn die Antwort Nein lautet, spüren Sie kurz nach, ob Sie das Umsorgtwerden von anderen erwarten und ob Sie es auch bekommen. Meist versorgt niemand sehr fürsorgliche Frauen, sodass sie ihr Quantum nicht abbekommen. Da sie sich meist auch selbst schlecht versorgen können, entsteht hier ein schmerzhaftes Defizit.

Überfürsorglichkeit wirkt sich in erster Linie im familiären Bereich aus, gegenüber Kindern, Partnern oder anderen Familienangehörigen. Wenn Sie diese Eigenschaft haben, gehen Sie wahrscheinlich davon aus, dass Sie an alles denken und für alles sorgen müssen – und somit auch für alles zuständig sind. Egal ob es um das rechtzeitige Aufstehen am Morgen, um den verlegten Schlüssel des Partners oder um die richtigen Schulhefte für die 15-jährige Tochter geht, Sie müssen an alles denken. Das hat zur Folge, dass die Menschen in Ihrem Umfeld aufhören zu denken, und lieber Sie fragen, wo und wie etwas ist. Sie liegen zum Beispiel gerade bequem auf dem Sofa und nutzen die seltenen

Ruhepausen, schon ruft eines Ihrer Kinder nach Ihnen, weil der Tennisschläger nicht zu finden ist. Sie springen auf und suchen das verlorene Utensil. Sie sind unabkömmlich.

Diese Dynamik kann sich auch an Ihrem Arbeitsplatz entwickeln. Die anderen kommen lieber zu Ihnen oder delegieren wichtige Aufgaben gerne an Sie, bevor sie selbst eine Lösung zu finden versuchen. Oder aber Ihre MitarbeiterInnen und KollegInnen werden zunehmend missmutig und bissig, weil Sie immer zur Stelle sind, um ihnen alle Probleme abzunehmen. Damit entmündigen Sie Ihr Umfeld aber und ernten statt Dankbarkeit und Zuneigung eher Abwehr. So entsteht neben der vielen zusätzlich geleisteten Arbeit auch noch das Gefühl, von anderen ausgenutzt und von ihnen nicht genügend geschätzt zu werden.

Doch woher kommt diese Überfürsorglichkeit für andere überhaupt? Meist verbirgt sich dahinter Angst oder Unsicherheit, ob Sie für andere Menschen wichtig genug sind. Mit Ihrer Fürsorge wollen Sie genau das erreichen. Oder Sie haben gelernt, dass Sie Ihre Zuneigung und Liebe durch aktives Handeln ausdrücken müssen. Spüren Sie in sich nach, vielleicht finden Sie einen weiteren inneren Glaubenssatz, der es Ihnen schwer macht, Ihre Fürsorglichkeit auf ein Maß zurückzuschrauben, das für alle Beteiligten angenehmen ist.

Nachdem Sie die Hintergründe für Ihr starkes Engagement identifiziert haben, versuchen Sie, den fürsorglichen Impulsen nicht nachzugeben. Schon nach einer kleinen Umstellungsphase werden Sie erleichtert bemerken, dass der Satz «Ohne mich geht es ja nicht» nicht mehr stimmt. Denken Sie an Situationen zurück, in denen Sie Ihre Überfürsorglichkeit am meisten belastet oder geärgert hat. Versuchen Sie nun, eine neue Handlungsstrategie zu finden, mit der Sie Ihre Ressourcen schonen. Probieren Sie das neue Verhalten aus und rechnen Sie mit dem üblichen Widerstand der anderen. Schließlich muss sich Ihr bis jetzt verwöhntes Umfeld erst daran gewöhnen, die eigenen Probleme wieder selbst zu lösen. Gehen Sie liebevoll mit sich selbst um, wenn Ängste auftauchen, während Sie an Ihrer Überfürsorglichkeit arbeiten. Und genießen Sie die neue freie Zeit, die Ihnen ab jetzt im privaten Bereich zur Verfügung steht, für die notwendige Erholung und Entspannung.

Verantwortungsgefühl und Idealismus

Ganz ähnliche Folgen löst ein sehr ausgeprägtes Verantwortungsgefühl aus. Auch hier profitieren wieder hauptsächlich die anderen Menschen in Ihrem privaten und beruflichen Umfeld. Sie sind aber für Ihr eigenes Wohlergehen und Ihre Gesundheit ebenfalls verantwortlich. Ist diese Basis nicht stabil, können Sie auf Dauer auch anderen gegenüber nicht verantwortungsvoll handeln, weil Ihnen die Luft ausgehen wird.

Vor allem bei Frauen, die im Sozial- oder Umweltbereich arbeiten, erlebe ich immer wieder die fatalen Folgen eines überhöhten Verantwortungsgefühls. Das ist durchaus verständlich, da hier Menschen, Tiere oder die Natur im Vordergrund stehen, die auf ihre Hilfe angewiesen sind. Demgegenüber steht, dass die finanziellen Rahmenbedingungen meist sehr unsicher sind. Viele großartige Projekte überleben nur, weil sich die MitarbeiterInnen so sehr engagieren.

Hierzu ein Beispiel: Frau Berger arbeitet in einer Entwicklungshilfeorganisation und ist unter anderem für die Beschaffung von Geldern zuständig. Sie kämpft mit der Vorstellung, dass es von ihrem Einsatz abhängt, ob Menschen Hunger oder Durst leiden. Wenn andere erschöpft zurückstecken, übernimmt sie sofort deren Aufgaben. Ihre Gesundheit und ihr Bedürfnis nach Erholung stellt sie immer wieder hintan. Nach drei intensiven Arbeitsjahren bricht Frau Berger körperlich zusammen. Ein Burn-out auf Stufe fünf zwingt sie zu einem sechsmonatigen Krankenstand. Nur ganz langsam kann sie wieder in den Arbeitsprozess einsteigen. Es muss nicht immer so dramatisch ablaufen, oft reicht schon das Verantwortungsgefühl gegenüber der Firma oder zahlenden KundInnen, dass Frauen Aufgaben in einem Zeitrahmen übernehmen, der sie regelmäßig über ihre Grenzen gehen lässt.

Burn-out-Prävention hat in solchen Fällen vor allem damit zu tun, die eigenen Grenzen und die der KollegInnen zu erkennen und zu akzeptieren. Wenn Sie in einer Situation sind, die Sie überfordert, ist es wichtig, dass Sie auch das sehen, was Sie alles leisten und ermöglichen. Außerdem müssen Sie lernen, dass nicht alles zusammenbricht und auch keine Katastrophe passiert, wenn Sie nicht alles selbst erledigen. Auch wenn andere in ihrer Not oder aus Eigeninteresse an Ihr Verantwortungsgefühl appellieren, damit ihr Anliegen in der gewünschten Zeit erledigt wird, halten Sie sich zurück. Das Wohl der Firma lastet sicher nicht nur auf Ihren Schultern und der Schuldner, der erst am letzten Tag vor der Pfändung zu Ihnen kommt, trägt sehr viel Eigenverantwortung. Richten Sie eine Warnanlage in Ihrem Inneren ein, die Ihnen zu verstehen gibt, wenn jemand Ihr Verantwortungsgefühl ausnutzen will. So bleiben Sie handlungsfähig und reagieren nicht nur auf den Druck von außen. Vielmehr können Sie bewusst entscheiden, ob Sie eine Aufgabe übernehmen wollen und können oder nicht.

Die Ursachen für Überengagement können auch tiefer liegen. Wenn Sie feststellen, dass Sie trotz aller Bemühungen Ihren Einsatz nicht reduzieren können und vielleicht auch nicht wollen, könnte es sein, dass Sie versuchen, damit Ihre Unsicherheit oder Ihr Gefühl, wenig wert zu sein, zu kompensieren. Ein starker, innerer Wunsch, anderen deutlich zu machen, was Sie alles Gutes tun, ist eine mächtige Triebfeder. Aber vielleicht haben Sie schon bemerkt, dass Sie so nie an Ihr Ziel kommen und sich auspowern. Ich erlebe immer wieder, dass überengagierte Menschen sehr frustriert sind wegen der mangelnden Anerkennung für ihre großen Leistungen. Im Gegenteil, manchmal ernten sie eher Kritik und Abwehr für ihren Einsatz als Lob und Akzeptanz. Wenn Sie dazu neigen, mit viel Engagement und Verantwortungsgefühl alle Aufgaben an sich zu reißen, achten Sie darauf, dass Sie nicht in die Kompetenzbereiche Ihrer KollegInnen eindringen oder diese in Zugzwang bringen, ebenfalls über die eigenen Grenzen zu gehen.

Sind Sie die Chefin Ihres Lebens?

Ganz grundlegend bei fast allen bis jetzt besprochenen Burnout-Faktoren ist das eigene Empfinden, wie selbstbestimmt Sie Ihr Leben gestalten können. Sicher können Sie den Unterschied spüren, ob Sie sich selbst entscheiden, Überstunden zu machen, oder ob Sie dazu verdonnert werden. Im ersten Fall möchten Sie Mehrarbeit leisten, um anschließend mit einem zufriedenen Gefühl nach Hause gehen zu können. Diese zusätzlichen Arbeitsstunden schlauchen und belasten weit weniger als von oben verordnete Mehrarbeit oder die Überstunden, die anfallen, weil jemand anderer Sie im Stich gelassen oder Fehler gemacht hat. Eines der am stärksten wahrgenommenen Burnout-Kennzeichen besteht darin, sich durch Überforderung getrieben zu fühlen und nur mehr auf den Druck von außen zu reagieren.

Wenn Sie einmal sehr unmotiviert, übermüdet oder ausgelaugt sind, überlegen Sie kurz, wie selbstbestimmt oder wie fremdbestimmt Sie sich in der aktuellen Situation und angesichts der Erwartungen an Sie fühlen. Denken Sie dann an dieses Buch zurück. Bei allen Tipps und Anregungen ist das Wiedererlangen der eigenen Entscheidungsfähigkeit der Leitfaden, der sich durch alles zieht. Ob es sich um Perfektionismus oder um Zeitmanagement handelt, Sie selbst sollten die Zügel in der Hand halten und bestimmen können, wohin und wie schnell der Wagen fährt. Es tut niemandem gut, sich tagtäglich von Vorgesetzten oder der eigenen Angst getrieben zu fühlen. Gute Burn-out-Prävention erfordert aktives Handeln und Entscheiden. Dazu brauchen Sie das Gefühl, dass Sie die Chefin in Ihrem Leben sind.

IV. Geben Sie dem Burn-out keine Chance

Um einem Burn-out-Syndrom zu begegnen, sind kurz- und langfristige Veränderungen notwendig. Ein Urlaub oder ein verlängertes Wochenende helfen zwar, den Stress besser auszuhalten, aber das hält nur für kurze Zeit an. Zu schnell sind Sie wieder in der alten Tretmühle und fühlen sich schlechter als zuvor. Der Druck am Arbeitsplatz steigt in vielen Branchen ständig, neue Einsparungen verstärken die Angst um den Job. Immer weniger Menschen leisten immer mehr Arbeit. Für diese veränderten Rahmenbedingungen brauchen Sie neue Strategien, um gesund zu bleiben oder aus dem Strudel von Stress und Hektik wieder herauszukommen.

Die nachfolgenden Anregungen zur Prävention oder Reduzierung eines Burn-out-Syndroms sind in drei Abschnitte gegliedert, die sich an den Stufen und damit an der Schwere des Burn-out-Syndroms orientieren. Die Motivation, in den Anfangsstufen vorbeugend aktiv zu werden, ist natürlich viel geringer. Dennoch lege ich Ihnen sehr ans Herz, Ihren Alltag und Ihren Umgang mit sich selbst immer wieder unter die Lupe zu nehmen. Sie haben nichts zu verlieren, können aber deutlich an Lebensqualität gewinnen, wenn Sie sich diese Zeit für sich selbst nehmen. Sie selbst sind Ihre Investition und gleichzeitig Ihr Kapital. Ihr Körper und Ihre Psyche verlassen sich darauf, dass Sie für sie sorgen. Und wenn Sie es nicht tun, werden Sie die Folgen sehr bald zu spüren bekommen.

Führen Sie sich vor Augen, wie lange Ihr Berufsleben noch fortdauert, und verlassen Sie sich nicht darauf, dass es irgendwann einmal von selbst besser wird. Sie haben jetzt schon ein Recht auf ein gutes und befriedigendes Leben. Lassen Sie sich aber auf gar keinen Fall unter Druck setzen. Verstehen Sie die Ratschläge in diesem Buch nicht als weiteres «Muss» und «Ich sollte», sondern als Vorschläge. Finden Sie heraus, was davon Sie anspricht, und fangen Sie dann mit der Umsetzung an, wenn es sich für Sie richtig anfühlt – vielleicht ergibt sich nächste Woche der passende Moment, um etwas Neues auszuprobieren.

Sicher denken Sie einerseits: «Wie soll ich das in meinem Leben umsetzen?» Oder: «Ich brauch das alles nicht, ich hab eh alles im Griff.» Vielleicht verspüren Sie aber in sich auch die Lust, einmal etwas Neues auszuprobieren, um wieder zu mehr Lebensqualität und Freude zu gelangen. Vertrauen Sie sich diesem Teil Ihrer Persönlichkeit an und wagen Sie einen ersten Versuch.

Das Verleugnen verlernen

Sie wissen es schon, Verleugnung ist eine wichtige Strategie, um selbst unter den schlechtesten Bedingungen die vorgegebenen Ziele zu erreichen. Doch wenn Sie Ihre Gefühle und Befindlichkeiten ausblenden, können Sie nicht fürsorglich mit sich und Ihrem eigenen Körper umgehen. Daher ist es enorm wichtig, wieder in sich hineinzuhören und das Verleugnen am besten zu verlernen, um gesund zu bleiben. Während Sie dieses Buch lesen, werden Sie so manches beschriebene Gefühl und Symptom bei sich selbst feststellen. Mit der Ihnen vertrauten Verleugnungsstrategie möchten Sie diese Erkenntnisse am liebsten gleich wieder wegschieben. Doch machen Sie es einmal anders: Trauen Sie sich ruhig, Ihre Reaktionen wahrzunehmen. Lassen Sie sich Zeit dabei, anhand Ihrer Symptome und Ihrer Stimmungen herauszufinden, auf welcher Stufe des Burn-out-Syndroms Sie sich befinden.

Überlegen Sie dann, welche burn-out-förderlichen Komponenten es in Ihrem beruflichen und familiären Umfeld gibt. Wie viel Zeit setzen Sie für konzentriertes Arbeiten und Planen ein? Und wie viel Zeit wenden Sie für Entspannung und Erholung auf? Wahrscheinlich wird Ihnen schon bald ein sehr starkes Ungleichgewicht auffallen. Wenn dann der Gedanke auftaucht, dass Sie an Ihren Lebensumständen sowieso nichts ändern können, lassen Sie sich nicht auf solche negative Einschätzungen ein. Bremsen Sie sich auch, wenn sich die Idee einstellt, alles hinschmeißen und morgen unbedingt kündigen zu wollen. Konstante Überlastung führt zu einer verzerrten Wahrnehmung, treffen Sie derart weitreichende Entscheidungen daher allenfalls nach einer kurzen Erholungsphase.

Noch besser ist es, Sie gehen für zwei Wochen in den Krankenstand, bevor Sie Ihr Kündigungsschreiben aufsetzen oder die Scheidung einreichen. Überlegen Sie auch gemeinsam mit FreundInnen und Bekannten, ob es noch andere und weniger dramatische Möglichkeiten gibt, an Ihrer Dauerbelastung zu arbeiten. Starten Sie zum Beispiel ganz bewusst ein Wohlfühlprogramm mit Aktivitäten, die Ihnen früher schon gutgetan haben. Achten Sie dabei auch auf gesundes Essen und ausreichend Schlaf.

Sie sind mit hohem Tempo unterwegs, unter diesen Umständen lassen sich keine sinnvollen Veränderungen planen und durchführen. Fahren Sie also erst einmal die Geschwindigkeit herunter und nehmen Sie wahr, wie es Ihnen geht. Vielleicht stellen Sie fest, dass Sie keine Ahnung haben, wie Sie sich fühlen, weil die Verbindung zu Ihrem Inneren unterbrochen ist. Oder Sie bemerken, dass eine tiefe Verzweiflung oder Leere in Ihnen ist und dass es große Angst auslöst, diese zu spüren. Damit haben Sie bereits den ersten Schritt getan. Auch wenn Sie diese Gefühle erst einmal zur Seite schieben, um weiterhin den Alltag zu meistern, ziehen Sie Konsequenzen aus dem, was

Ihnen Körper und Seele mitteilen. Die notwendigen Veränderungen lassen sich sowieso nicht von heute auf morgen umsetzen, sondern nur Schritt für Schritt. Wählen Sie einen kleinen Aspekt Ihres Lebens, bei dem Ihnen eine Änderung durchführbar erscheint, das könnte ein Anfang sein. Fällt Ihnen dazu nichts ein, kann der erste gute Schritt hin zur Veränderung auch darin bestehen, eine Therapeutin oder einen Coach zu suchen.

Die Verleugnung aufzugeben heißt, vor sich selbst, den Menschen, die Ihnen privat nahestehen, und eventuell einem professionellen Helfer zuzugeben, dass und wann Sie wütend, müde, frustriert oder enttäuscht sind. Wenn Sie Ihre eigenen Gefühle wieder wahrnehmen und daraus Konsequenzen ziehen, haben Sie zwei ganz wichtige Schritte getan. Zu welchem Zeitpunkt Sie den zweiten gehen, entscheiden Sie ganz allein. Vielleicht fragen Sie sich, was es nützt, die eigenen Gefühle wahrzunehmen, wenn Sie dann doch erst einmal nichts unternehmen. Ganz einfach, sobald Sie Ihre Gefühle zulassen, brauchen Sie keine Energie mehr, um sie zu verdrängen. Zweitens nehmen Sie sich ernst und ignorieren sich nicht mehr. Das setzt allerdings voraus, dass Sie Ihre Gefühle nicht als blöd und peinlich abwerten, sondern als wichtige Informationen annehmen. Natürlich können Sie nicht gleich alles umkrempeln, aber Sie können, wenn Sie sich zum Beispiel müde und ausgelaugt fühlen, schon einmal überlegen, wann und in welchem Rahmen Sie sich gut erholen könnten. Setzen Sie Ihre Ideen dann aber auch nach und nach um, es hilft nichts, wenn Sie sich selbst immer wieder nette Sachen versprechen, die Sie doch nicht tun.

Sobald Sie Ihre Gefühle zulassen und mit dem Verleugnen aufhören, werden Sie noch einen Vorteil erkennen: Sie entdecken die kleinen Dinge, die Sie leichter verändern können, deutlich schneller. Stellen Sie sich vor, Sie sind bereits sehr gereizt, und telefonieren gerade mit einem schwierigen Kunden, der Sie zur Weißglut treibt. Sie können wie gewohnt Ihre Anspannung wegschieben – «Es geht schon» – und in den nächsten Minuten doch explodieren. Oder Sie entschuldigen sich kurz und sagen ihm, dass Sie später zurückrufen. Ziehen Sie sich dann zurück, lassen Sie eine Schimpftirade bei einer Kollegin oder einem Kollegen los oder gehen Sie zur Toilette und schneiden Sie dort wilde Grimassen. Kurzum: Tun Sie etwas, damit Sie wieder den nötigen Abstand zur schwierigen Person bekommen. Oft hilft auch die Vorstellung, wie Sie die betreffende Person in Alaska aussetzen. Das ist nicht sehr nett, aber in Ihrer Fantasie ist alles erlaubt und hat keine Konsequenzen. Und wenn Sie zum Beispiel wahrnehmen, dass Sie sich eigentlich einsam fühlen und Geborgenheit brauchen, dann planen Sie sofort, wann Sie Ihr Notebook zuklappen werden und wo Sie sich ein paar Kuscheleinheiten holen können. Sobald Sie dies zulassen, gestehen Sie sich zu, dass auch Sie Bedürfnisse haben und andere Menschen brauchen – das ist nicht immer leicht, wird Ihnen aber ganz sicher guttun.

Eine weitere wichtige Übung, um sich das Verleugnen abzugewöhnen: Wenn Ihre FreundInnen Sie fragen, wie es Ihnen geht, antworten Sie nicht automatisch mit «gut». Nehmen Sie sich eine Sekunde Zeit und versuchen Sie, eine ehrliche Antwort zu geben. Es ist nicht notwendig, alles bis ins Detail zu erklären. Bei einer engeren Freundschaft reicht es auch aus, wenn Sie zum Beispiel sagen: «Es geht mir nicht so gut, hab viel um die Ohren.» Sie entscheiden, wie viel Sie mitteilen wollen. Damit sind Sie ehrlich sich selbst gegenüber und geben guten FreundInnen gleichzeitig die Chance, etwas für Sie zu tun.

Die Grundlage sinnvoller Burn-out-Prävention ist also immer, dass Sie in sich hineinhören und den Reichtum und die Vielfalt in Ihrem Inneren wahrnehmen. Damit schaffen Sie eine wunderbare und stabile Basis dafür, Ihr Arbeits- und Privatleben besser miteinander zu vereinbaren. Ideen und Anregungen hierzu finden Sie im Folgenden, gegliedert nach den Stufen eines Burn-out-Syndroms.

Sinnvolle Prävention: für Balance sorgen

Sicher haben Sie inzwischen erkannt, dass die Grundlage einer sinnvollen Prävention die Balance zwischen Arbeit, Freizeit und Beziehungen ist. Balance bedeutet aber nicht, dass Sie Ihre Zeit einfach halbe-halbe auf Beruf und Freizeit aufteilen. Es geht vielmehr darum, für die jeweils aktuelle Lebensphase eine ausgewogene Situation herzustellen, in der Ihr Bedürfnis nach Erfolg oder Anerkennung genauso befriedigt wird wie das Bedürfnis nach Erholung, Intimität, Spaß und Lebenssinn. Wie genau das zu erreichen ist, müssen Sie immer wieder neu überprüfen und abstimmen, denn das hängt von Ihrem Alter und Ihren jeweiligen Lebensumständen ab.

Um sich bewusst zu machen, wie Ihre Situation aktuell aussieht und ob dies zu Ihrer Vorstellung passt, lassen Sie sich auf die folgende Übung ein: Nehmen Sie sich ein wenig Zeit, Papier und Buntstifte oder sonstige Zeichenmaterialien und zeichnen Sie einen großen Kreis auf ein Blatt Papier. Teilen Sie ihn wie eine Torte in Stücke ein und ordnen Sie jedem Stück einen Lebensbereich zu. Verdeutlichen Sie dann, wie viel Zeit und Energie Sie für den jeweiligen Bereich aufbringen, indem Sie die Größe der Tortenstücke variieren. Mögliche Lebensbereiche sind Job, Beziehungen, Familie, Freunde, Hobbys und Interessen, persönliche Weiterentwicklung, spirituelle Gestaltung oder Gutes für Ihren Körper tun. Vielleicht gibt es weitere Lebensbereiche, die Sie einfügen wollen. Beschriften Sie die Tortenstücke mit einem Stichwort, damit Sie gleich erkennen, was es repräsentiert. Wenn Ihr Bild fertig ist, lehnen Sie sich zurück und vergleichen Ihre Zeichnung mit Ihrer inneren Vorstellung, wie Sie Ihr Leben in der jetzigen Lebensphase gerne leben würden. Stimmen die beiden Bilder überein oder ist die Verteilung ganz anders als Sie es sich wünschen?

Wenn Sie möchten, befassen Sie sich im zweiten Schritt auch gleich mit der Balance zwischen Aktivität und Entspannung. Zeichnen Sie um Ihre ganze Torte einen schmalen Ring und verlängern Sie jeweils die Ränder der Tortenstücke. Nehmen Sie dann zwei verschiedenfarbige Stifte zur Hand, zum Beispiel einen roten und einen grünen. Die rote Farbe bedeutet Aktivität und (auch positive) Anspannung, die grüne Farbe steht für Entspannung und Energietanken. Schraffieren Sie die Abschnitte im eingefügten Ring mit der jeweiligen Farbe. Wenn ein Bereich Aspekte sowohl von Aktivität als auch von Entspannung aufweist, dann schraffieren Sie diesen in beiden Farben.

Treten Sie wieder einen Schritt zurück und überprüfen Sie die Verteilung der beiden Farben. Sind Sie mit dem Bild zufrieden und passt es zu Ihrer aktuellen Lebensphase? Oder überwiegt vielleicht die Farbe Rot deutlich? Vielleicht bemerken Sie auch, dass Bereiche, die eigentlich der Entspannung dienen, ebenfalls ganz oder teilweise rot sind. Erkennen Sie ein Gleichgewicht oder möchten Sie gerne nachjustieren? Überlegen Sie, wo es am leichtesten wäre, etwas mehr Grün (Entspannung) in Ihr Leben zu bringen. Beginnen Sie dort mit den ersten kleinen Schritten.

Natürlich ist es nicht möglich, zu jeder Zeit in der idealen Balance zu sein, doch Sie können mithilfe dieser Bestandsaufnahme immer feststellen, wo Sie gerade stehen. Wenn Sie das Gefühl haben, nicht im Gleichgewicht zu sein, prüfen Sie, wo Sie nachbessern möchten, damit Sie zufriedener und mehr im Einklang mit sich selbst leben können. Anregungen und Tipps dazu finden Sie in den folgenden Ausführungen.

Entspannen: Wie geht das?

Sie haben es in diesem Buch schon gelesen und hören es überall: Sie brauchen mehr Entspannung. Vielleicht ist Ihnen inzwischen auch klargeworden, dass der Aufforderung «Entspanne dich jetzt» ungefähr so einfach zu folgen ist wie «Sei doch jetzt spontan». Beides hat mit loslassen zu tun, Sie müssen für kurze Zeit die Kontrolle abgeben. Das ist ganz sicher leichter gesagt als getan. Viele Frauen sind mit der inneren Haltung erzogen worden, dass zuerst die Arbeit und dann das Vergnügen kommt. Und Entspannung fällt eindeutig in die zweite Kategorie. Das wiederum bedeutet, dass zuerst alle Aufgaben erledigt sein müssen, bevor Erholung erlaubt ist.

Da bei Frauen, die von einem Burn-out bedroht sind, die Arbeit nie getan ist, dürfen sie sich auch nie ruhig auf die Couch legen und vor sich hinträumen. Viele wählen daher lieber Freizeitbeschäftigungen, die sehr viel Aufmerksamkeit erfordern und somit die Gedanken darüber, was alles noch auf sie wartet, nicht zulassen. Die Gefahr dieser Strategie liegt darin, dass Freizeitstress ausbricht. Zwar können Sie abschalten, aber zur Ruhe kommen Sie nicht. Auch Alkohol bietet keine Lösung. Er hilft anfangs beim Entspannen, vernebelt aber die Selbstwahrnehmung, macht abhängig und hat immense Nebenwirkungen, die ein Körper, der sowieso schon viel Stress aushalten muss, nur schwer verkraften kann.

Sie haben es schon gelesen, Entspannung hat den physiologischen Zweck, dem Körper das Signal für Entwarnung zu geben. Eine weitere wichtige Funktion ist die bereits besprochene Selbstwahrnehmung. Wer sich selbst spüren und hören kann, der erkennt, was sein Körper braucht, und verfügt damit über einen guten Schutz gegen Burn-out. Doch wie können Sie sich und Ihren Körper entspannen? Dazu stelle ich Ihnen nun zwei Formen von Entspannungsmöglichkeiten vor. Als «klein» bezeichne ich Übungen, die einige Minuten dauern und für die Sie sich zwischendurch immer wieder Zeit nehmen können. Zur «großen» Entspannung gehören Aktivitäten und Techniken, die mehr Zeit und Organisation erfordern. Erwähnen möchte ich hier, dass Entspannung natürlich nicht nur durch ruhige und meditative Übungen bewirkt werden kann. Jede Form von Bewegung, zum Beispiel Joggen oder Training im Fitnesscenter, kann ein guter Ausgleich zum Stress des Tages sein. Lassen Sie dabei aber Ihr Leistungsdenken und Ihren Ehrgeiz außen vor, Entspannung darf nichts leisten müssen und funktioniert unter Druck sowieso nicht.

Kleine Entspannung

Wenn Sie während Ihrer Arbeit (egal ob am Schreibtisch oder zu Hause) ganz kurz eine kleine Entspannungsübung einbauen wollen, müssen Sie sich bewusst dafür entscheiden. Nutzen Sie vielleicht die fünf Minuten vor Ihrem nächsten Termin oder die Viertelstunde, in der die Bedürfnisse der Kinder einmal warten müssen. Manchen Frauen widerstrebt es, sich Zeit für sich selbst zu nehmen, weil das gegen Ihr Pflichtbewusstsein spricht. Seien Sie also geduldig mit sich selbst, wenn die ersten Anläufe schiefgehen, und erlauben Sie sich am Anfang gedankliche Hilfen. Schieben Sie ganz bewusst alles, was gerade ansteht, zur Seite.

Wenn Sie ein visueller Typ sind, hilft es Ihnen vielleicht, sich dies genau vorzustellen. Packen Sie in Ihrer Vorstellung Ihre To-do-Listen in eine große Truhe, schließen Sie den Deckel und drehen Sie nun den großen Schlüssel im Schloss herum. Falls während Ihrer Entspannungszeit ein Gedanke auftaucht, der gerade gar nicht passt, stellen Sie sich vor, wie Sie ihn auch in diese Truhe werfen. Unterstützen Sie sich mit diesem oder einem anderen Bild, das besser zu Ihnen passt, selbst darin, dass es jetzt in diesem Augenblick nur um Sie geht. Finden Sie auch einen Namen für diese Zeit, zum Beispiel «meine blauen Minuten».

Was genau Sie in diesem Zeitraum tun, ist ganz egal, solange es Ihnen guttut. Sie können aufstehen und sich dehnen, hüpfen oder einen Entspannungsball bewusst mit den Händen kneten. Oder Sie holen sich eine Tasse Tee oder Saft und genießen Schluck für Schluck. Genauso ist es möglich, dass Sie es sich auf Ihrem Sessel bequem machen und von einem schönen Ort träumen. Bremsen Sie sich aber, wenn Sie beginnen, die nächste Urlaubsreise konkret zu planen. Solche Gedanken lassen sich leichter wegschieben, wenn Sie sich selbst versprechen, wann Sie dies tun werden. Legen Sie dafür einen fixen Zeitpunkt fest, damit Sie zur Ruhe kommen können.

Es gibt einige Entspannungsübungen, die für kurze freie Momente geeignet sind. Daheim wie auch im Büro kann es sinnvoll sein, sich zu vergewissern, dass Sie ungestört sind. Vielleicht haben Sie ja auch ein Zimmer ganz für sich, in das Sie sich zurückziehen können. In einem Großraumbüro sind diese Übungen allerdings nicht gut durchführbar und vielleicht fühlen Sie sich auch in Ihrem Einzelbüro nicht ungestört genug. Hier empfehle ich den Gang zur Toilette, in die Teeküche oder ins Materiallager. Gegen Ihre übliche Gewohnheit hetzten Sie aber nicht, sondern schreiten langsam und ganz bewusst dorthin. Verbinden Sie ihn mit einer Körperübung, wenn Sie möchten: Nehmen Sie ganz bewusst Ihre Fußsohlen wahr, wie sie sich im Schuh während des Gehens anfühlen. Gehen Sie dann in Gedanken weiter zu Ihren Waden und Knien, Ihren Oberschenkeln, zum Gesäß und spüren Sie die Bewegungen Ihrer Wirbelsäule und Ihres Rückens bis hinauf zum Kopf.

Das ist jetzt Ihre Zeit, sie gehört nur Ihnen und ist wie ein kostbarer Schatz inmitten all der Unruhe, dem Druck und Stress. Nutzen Sie sie.

Die Gedanken beim Entspannen ganz zum Stoppen zu bringen, ist eine hohe Kunst und nicht zwingend notwendig. Es reicht, wenn sie leiser und langsamer werden und die Aufmerksamkeit auf den Augenblick, auf das Jetzt gerichtet ist. Dieser Versuch, den ewigen Gedankenfluss zu unterbrechen und stattdessen im Jetzt zu verweilen, ist allen Entspannungsübungen gemeinsam. Sehr hilfreich ist dabei die Konzentration auf den Körper, die Atmung oder auf etwas, das Sie jetzt im Augenblick wahrnehmen können. Heißen Sie alles willkommen, was in den nächsten Minuten auftaucht. Wenn Sie sich zudem an einem ruhigen und sicheren Ort aufhalten, senden Sie damit Entwarnungssignale an Ihren Organismus. Er kann sich unter diesen Rahmenbedingungen regenerieren.

Entspannung kann aber auch Angst machen. Sie erlauben Ihren Gedanken und Gefühlen, stärker zu fließen, und dabei können verdrängte Ängste, Einsamkeit oder Ärger hochkommen. Wenn Sie bemerken, dass Ihnen Entspannung unangenehm ist oder starke Ängste auslöst, sind Sie vielleicht besser in einer Gruppe oder bei einer Entspannungstrainerin aufgehoben, mit der Sie erste Schritte ausprobieren und die auftauchenden Gefühle besprechen können.

Unterstützung können Sie sich auch holen, wenn Sie Techniken wie die progressive Muskelentspannung nach Jacobson oder das weite Feld der Atemübungen kennenlernen wollen. Hierzu gibt es eine ganze Reihe von Literatur – ich empfehle Ihnen das Buch «Streß am Arbeitsplatz. Streß beflügelt – Streß macht krank» von Sven Litzcke und Horst Schuh (Köln 1999) – und Kurse. Wenn Sie mit einer Übung anfangen, bleiben Sie dran, selbst wenn es am Anfang noch nicht so recht klappen will. Je öfter Sie sie machen, umso schneller und besser reagieren Psyche und Körper darauf.

Ich möchte Ihnen an dieser Stelle die «Entspannung im Augenblick» vorstellen. Sie können diese kleine Übung jederzeit und überall durchführen, ob Sie nun im Stau oder im Supermarkt in der Warteschlange stehen oder wenn Sie zu Hause Geschirr spülen. Sie mag Ihnen ein wenig seltsam erscheinen, doch schon bald werden Sie merken, wie stärkend sie wirkt. Lassen Sie sich auf sich selbst ein.

Richten Sie Ihre Aufmerksamkeit auf Ihre Füße und fragen Sie sich, wie sich diese gerade anfühlen. Stehen Sie auf harten oder weichen Sohlen? Gibt es etwas, das Sie für Ihre Füße gerne verändern würden, möchten Sie zum Beispiel Ihre Schuhe ausziehen? Wandern Sie auch in andere Körperregionen, wenn Sie möchten, und spüren Sie hier ebenfalls nach.

Im zweiten Teil dieser Übung konzentrieren Sie sich ganz bewusst auf das, was Sie gerade tun. Denken Sie nicht an morgen oder gestern oder was in einer Stunde zu erledigen ist, sondern nehmen Sie die Wärme oder Kälte des Wassers beim Abwaschen wahr. Oder spüren Sie die Weichheit des Sofas, auf dem Sie gerade sitzen. Wie fühlt sich der Teppichboden unter Ihren Füßen an, wenn Sie auf dem Weg in Ihr Büro oder die Toilette sind? Beobachten Sie auch einmal Ihre eigene Langeweile in einem Meeting, während Ihr Kollege eine längst bekannte Geschichte zum Besten gibt. Vielleicht entdecken Sie dabei, dass Sie gerne etwas verändern wollen, nur eine Kleinigkeit, damit die Situation angenehmer wird. Möchten Sie vielleicht wärmeres Wasser beim Abwasch, sich bequemer hinsetzen oder etwas trinken?

Vielleicht taucht gerade jetzt bei Ihnen der Gedanke auf, was diese kurze Entspannung bringen soll. Sie bewirkt mehr, als man vermuten möchte. Die Japaner haben den Bürosekundenschlaf untersucht und den enormen Erholungswert von kurzen Entspannungspausen festgestellt. Damit leisten diese Pausen einen sehr guten Beitrag zur Burn-out-Prävention. Dies wird noch verstärkt, weil Sie für Zeitabschnitte sorgen, in denen Sie allein bestimmen, was Sie wie lange tun. Und es sind Momente, in denen Sie sich selbst wichtig sind und Sie sich wahrnehmen, und zwar sowohl Ihre Gefühle als auch Ihren Körper. Es sind nicht nur die großen Dinge, die die Lebensqualität bestimmen, auch die vielen «Kleinigkeiten» sind für unser Lebensgefühl von Bedeutung.

Große Entspannung

Wer die «große» Entspannung will, muss ganz bewusst planen und Termine ausmachen. Bevor Sie dies tun, entscheiden Sie zuerst, ob Sie eher ein Bewegungs- oder ein Ruheentspannungstyp sind. Vielleicht ist für Sie auch eine Mischung aus beiden Aspekten am angenehmsten. Bewegungstypen können am besten beim Training im Fitnessstudio, Joggen, Wandern oder bei anderen sportlichen Tätigkeiten ausspannen und an etwas ganz anderes denken. Sie gehören zu dieser Gruppe? Dann vermeiden Sie bei diesen Aktivitäten neuerliches Leistungsdenken und hetzen oder gar quälen sich nicht. Achten Sie darauf, dass Sie sich wirklich eine Alternative zum Arbeitsalltag schaffen. Gerade bei Sport, der der Entspannung dienen soll, ist das Wie ganz entscheidend.

Sie halten sich eher für den Ruheentspannungstyp? Für Sie ist es vielleicht sinnvoll, Ihre Aktivitäten vor allem am Anfang in einer Gruppe und unter Anleitung zu trainieren. Ein Meditationskurs, Yogastunden oder ein Kurs zum Erlernen bestimmter Entspannungstechniken kann einen Rahmen schaffen, wo Entspannung möglich wird.

Planen Sie dann aber auf jeden Fall auch Zeit ein, die Sie zu Hause auf dem Sofa verbringen. Versuchen Sie, ganz entspannt zu lesen, Musik zu hören oder einfach nur in alten Zeitschriften zu blättern. Den Zeitrahmen dafür müssen Sie als Ungeübte auf jeden Fall genau festlegen, da es meist tausend Gründe gibt, schnell wieder aufzuspringen. Sie sehen Staub unter der Kommode oder Ihnen fällt ein, dass Sie das Regal schon längst wieder aufräumen wollten. Für viele Frauen, vor allem für die burn-out-gefährdeten, ist es fast unerträglich, untätig auf dem Sofa zu liegen. Das gilt vor allem, wenn die Verleugnung ein fixer Bestandteil des eigenen Systems ist, um den Status quo aufrechtzuerhalten. In einer solchen Situation können Ruhephasen sogar bedrohlich sein. Denn sobald die Entspannung einsetzt, wird die Wand zwischen dem Ich und den verdrängten Gefühlen und Bedürfnissen plötzlich dünner. Aktivität und Ablenkung schützen und sorgen dafür, dass die Wand wieder dicker wird.

Geht es Ihnen auch so? Wenn es sich nur unangenehm anfühlt, quälen Sie sich nicht mit Ruheentspannung. Probieren Sie es immer wieder ganz kurz, vielleicht schaffen Sie kleine Schritte und freuen Sie einfach über kürzeste Zeiten der Ruhe. Probieren Sie aus, was Ihnen guttut und womit Sie Ihr Aktivierungsniveau senken können. Manche Frauen entspannen sich beim Kochen, andere beim Fotografieren oder beim Lesen. Wichtig dabei ist das bewusste und langsame Handeln. Bleiben Sie ganz im Jetzt. Achten Sie darauf, dass Ihre Gedanken und Gefühle dort sind, wo sich auch Ihre Hände und Füße befinden. Diese Konzentration auf den Augenblick hat eine ausgesprochen starke entspannende Wirkung. Der Körper kann verlorene Energie aufbauen und Sie kommen wieder mit sich selbst in Kontakt.

Erste Schritte: Stufe eins und zwei

Sie fühlen sich gut. Obwohl Sie häufig unter Druck und gestresst sind, gibt es noch keinen echten Grund für Veränderungen. Der Stress und die hohen Anforderungen beflügeln Sie und die Arbeit macht meistens Spaß. Prävention ist dennoch angesagt, da langfristig Lebensqualität und Gesundheit darunter leiden, wenn die Balance zwischen Anspannung und Erholung nicht stimmt.

Die Fleißfalle

Viele Frauen tappen in die Fleißfalle: Sie wollen durch mehr Leistung und Einsatz auch mehr Anerkennung und Erfolg bekommen. Das erscheint logisch und wäre nur fair und gerecht. Doch in vielen Firmen ist übertriebene Pflichterfüllung sogar eher hinderlich. Hierzu ein typisches Beispiel: Frau Heiner ist am Boden zerstört, enttäuscht und frustriert. Dennoch muss sie freundlich lächeln, als sie bei einem Meeting offiziell erfährt, dass im Rahmen der Reorganisation ein Kollege die Gesamtleitung mehrerer Abteilungen übernimmt, während ihre Abteilung verkleinert wird. Dieser Kollege produziert in ihren Augen nur heiße Luft und bringt keine vernünftigen Ergebnisse zustande. Frau Heiner hingegen hat während der vergangenen Monate viele Überstunden gemacht und sich sehr stark engagiert. Sie hat gute Arbeit geleistet und inhaltlich Impulse gesetzt. Bereitwillig hat sie viele Abende und Wochenenden geopfert. Und dennoch: Befördert wurde ihr Kollege und nicht sie. Was ist hier passiert? Und wie können Sie der Fleißfalle entgehen?

1. Nehmen Sie sich fünf Minuten Zeit und überlegen Sie, welche Noten für Kompetenz und Einsatz Sie den Führungskräften in Ihrer Firma geben würden. Wenn alle gute Noten bekommen und sogar Frauen in den oberen Etagen sitzen, dann können Sie zum nächsten Thema weiterblättern. Fällt das Ergebnis Ihrer Benotung jedoch nicht so gut aus, überlegen Sie, welche Stärken Sie den Führungskräften zuschreiben.
2. Höchstwahrscheinlich ist die Fähigkeit «Selbstpräsentation und sich selbst wichtig nehmen» darunter. Wie viel Arbeits-

zeit planen Sie für die Präsentation Ihrer Erfolge (und die Ihres Teams) und Ihrer Person ein? Verdoppeln Sie sie und schieben Sie diesen Punkt auf Ihrer Prioritätenliste weit nach oben. Sie werden vielleicht einwenden, dass Sie kaum Zeit fürs Mittagessen haben. Wie könnten Sie da derartige Präsentationen einbauen? Verteilen Sie die Arbeit neu. Delegieren Sie Detailarbeit an Ihre MitarbeiterInnen oder legen Sie sich die Messlatte etwas niedriger. Dieser Aufwand wird sich langfristig lohnen, denn so schützen Sie sich davor, sich auszupowern.

3. Bestimmt verbringen Sie viel Zeit damit, zu überlegen, was für das Produkt Ihrer Firma oder für Ihren Aufgabenbereich gut wäre. Hinter diesem inhaltlichen Denken steht die Annahme: «Wenn ich gute Arbeit, ein gutes Produkt liefere, bekomme ich dafür Anerkennung.» Je größer die Firma, umso weniger zählt intern die Qualität eines Produkts. Vielmehr geht es darum, inwieweit es jemandem nützt, der strategischer denkt als Sie. Für diese Personen steht nicht der Nutzen für die Firma im Vordergrund, sondern der eigene Vorteil. Zudem tun sich diese MitarbeiterInnen mit anderen, die bereits Macht haben oder diese weiter vermehren wollen, zusammen. Diese wiederum sitzen in den Chefetagen und bestimmen, welche Projekte umgesetzt werden und wer befördert wird. Machen Sie sich daher bewusst: Sie selbst können nur mit Neuerungen und Ideen punkten, wenn Sie neben der inhaltlichen Arbeit auch die strategische leisten und für eine gute Präsentation sorgen.
4. In diesen Zusammenhang gehört auch das Thema Netzwerken und Bündnispartner. Sie gehen mittags oft gar nicht essen, während der «erfolgreiche» Kollege mit einem Abteilungsleiter zusammensitzt und mehr über die nächste Reorganisation erfährt. Während Sie Ihr neues Produkt entwickeln, baut Ihr Kollege eine emotionale Brücke, die

ihn zur nächsten Beförderung trägt. Was können Sie tun? Lassen Sie den Punkt «soziale Kontakte pflegen» auf Ihrer Prioritätenliste weiter nach oben wandern. Das bedeutet nicht, dass Sie sich bei wichtigen Kontaktpersonen anbiedern oder verstellen sollen. Nehmen Sie sich aber mehr Zeit für Menschen, mit denen Sie gut zurechtkommen und die in einem informellen Firmennetzwerk nützlich sein könnten.

Fleiß ist eher ein zweitrangiges Aufstiegskriterium, wer Erfolg haben will, muss sich profilieren und positiv auffallen. Wichtig ist, wo Sie Ihre Prioritäten setzen und wie Sie Ihre kostbare Energie sinnvoll einsetzen. Der Vorteil der genannten Strategien liegt nicht nur darin, dass Sie Ihre Aufstiegschancen erhöhen, sondern auch darin, dass Sie Ihre Überstunden getrost reduzieren können. So werden Sie die Wochenenden besser für erholsame und bereichernde Tätigkeiten nutzen können und kommen am Abend nicht immer völlig ausgelaugt nach Hause.

Zeitmanagement ist Selbstmanagement

Ich habe einmal gelesen, dass Zeitmanagement und gesunde Ernährung eines gemeinsam haben: Viele lesen Bücher darüber und sind von der Sinnhaftigkeit dessen überzeugt. Aber nur wenige Menschen sind bereit, täglich aufs Neue zu versuchen, die klugen Dinge umzusetzen. Da ist sicher viel Wahres dran. Daher bitte ich Sie, bevor Sie dieses Kapitel lesen, erst einmal in sich hineinzuspüren, ob Sie Ihren Alltag tatsächlich effizienter gestalten wollen. Was bremst denn die guten Vorsätze? Oft ist es so, dass in Frauen ein kleiner Widerstandsgeist lebt oder sie einen trotzigen Anteil in sich tragen, der einfach keine Lust mehr hat, noch besser zu funktionieren, noch effizienter und noch durchorganisierter zu sein. Wenn es etwas in Ihnen gibt, das sich querlegt, wenn es um derartige Veränderungen geht, fällt es schwer, all die guten Ideen auch umzusetzen. Bauen Sie ganz bewusst Ihre Widerstände ab, denn schließlich geht es darum, dass Sie sich selbst etwa Gutes tun. Selbst wenn Sie das Gefühl haben, dass Ihr Zeitmanagement genau richtig ist, finden Sie vielleicht doch noch den ein oder anderen Vorschlag, den Sie für sich nutzen können.

Warum funktioniert Ihr Selbst- und Zeitmanagement nicht? Welche Faktoren eine Rolle dabei spielen, darüber hat sich Andrea Scheutz, Mitbegründerin des Instituts Frauensache, im Skriptum «Zeitmanagement» (Wien 2004, Seite 3) Gedanken gemacht: Die wichtigsten Punkte für Ihre Unzufriedenheit könnten darin liegen, dass Sie

1. sich eher um das Dringende kümmern als um das Wichtige,
2. sich von anderen verplanen lassen, anstatt zielorientiert und selbstorganisiert zu arbeiten,
3. eine Menge Zeit mit Suchen verbringen,
4. sich schwer tun, sich auf die eigenen Aufgaben zu konzentrieren, da die Anforderungen der anderen immer wichtiger zu sein scheinen.

Das Leben selbst in die Hand nehmen

Wie können Sie dagegen angehen? Ein zentraler Gedanke im Zeitmanagement ist die Konzentration auf das Wesentliche. Jahrelang wurde effizientes Arbeiten gepredigt, es kam vor allem darauf an, *die Dinge richtig zu tun*, zum Beispiel richtig mit Organizern und Zeitplanbüchern umzugehen. Neuere Theorien hingegen bewegen sich eindeutig vom reinen Zeitmanagement weg und hin zu «Life Leadership», was so viel bedeutet wie die Führung im eigenen Leben zu übernehmen. Das hat vor allem mit der persönlichen Effektivität zu tun, die davon abhängt, *die richtigen Dinge zu tun*. Darunter fallen die Aufgaben, die Sie am besten können, die Ihnen am meisten Spaß machen und die uns (dem Team, dem Unternehmen) am meisten bringen. Dahinter steckt die Erkenntnis, dass wir Zeit gar nicht managen können, sondern nur uns selbst. Ziel wäre es also, die Zeit als feste Größe für sich optimal zu nutzen und Fremdbestimmung weitestgehend durch Selbstbestimmung zu ersetzen.

Viele Frauen lernen, dass sie Unangenehmes nicht ändern können, und finden sich damit ab – so auch mit dem nicht sehr gut funktionierenden Zeitmanagement. Oft fallen ihnen als erste Reaktion auf einen neuen Vorschlag Sätze ein wie: «Aber das geht doch nicht», «Das hat bei uns noch nie funktioniert» oder «Sie haben leicht reden, aber ich kann das unmöglich ändern». Nehmen Sie diese Gedanken wahr, aber geben Sie Ihnen keine Macht. Vielleicht antworten Sie mit «Ach, ihr schon wieder» und schaffen bewusst Platz für einen positiveren Gedanken, zum Beispiel: «Ich bin neugierig, das schau ich mir mal an.» Wenn Ihnen das nicht gelingt, blockieren Sie sich und Ihre Kreativität. Diese Art von Offenheit ist noch schwerer aufrechtzuerhalten, wenn Sie mitten in einem Burn-out stecken. Angesichts der ständigen Überlastung erscheint es vollkommen absurd, sich Zeit für Neues zu nehmen. Ein schlechtes System weiterlaufen zu lassen, erscheint einfacher, als sich die Zeit zu nehmen, ein neues und funktionelleres zu testen. Diese Haltung ist durchaus verständlich, hält Sie aber im belastenden System fest. Ergründen Sie also, wo Sie Ansätze für Veränderungen finden.

Wenn Sie mehr über dieses Thema erfahren möchten, empfehle ich Ihnen das Skriptum «Zeitmanagement» von Andrea Scheutz (Wien 2004) und das Buch «Wenn du es eilig hast, gehe langsam» von Lothar Seiwert (Frankfurt 2003). Er hat den Begriff «Zeitsouveränität» geprägt, der die Fähigkeit beschreibt, innerhalb der gegebenen Rahmenbedingungen die Zeit und damit auch das Leben nach eigenen Vorstellungen und Wünschen zu gestalten. Machen Sie sich bewusst, dass Managen und

Gestalten auch immer gezieltes Weglassen, Loslassen, Beschränken und Prioritäten setzten bedeutet. Das heißt, dass Sie sich von der Vorstellung trennen müssen, alles selbst tun zu müssen. Und genau damit wirken Sie dem für ein Burn-out typisches Gefühl entgegen, dass Sie nur Opfer der Umstände und Anforderungen sind.

Kommunikationsfähigkeit

Die entscheidende Ursache für mangelnde Effektivität liegt im Diktat des Dringlichen. Allerdings sind dringende Arbeiten selten wichtig, während wichtige Arbeiten selten dringend sind. Das ist Ihnen wahrscheinlich nichts Neues und eigentlich wissen Sie auch, welche Aufgaben das Prädikat «wichtig» erhalten sollten. Was aber bedeutet «wichtig» für Ihre Lebensrealität? Diese Frage können Sie nur beantworten, wenn Sie wissen, was in Ihrem Leben wirklich wichtig ist und welche Ziele Sie erreichen wollen. Dieses Thema wirft noch viele Fragen auf? Dann lesen Sie die Ausführungen zum «Selbstcoaching» (ab Seite 122), um sich ein paar Anregungen zu holen. Je genauer Sie wissen, wo Sie hinwollen, desto mehr Ziel- und Prioritätenkonflikte mit anderen Menschen werden Sie bewältigen müssen. Das wiederum bedeutet, dass gute Fähigkeiten in Kommunikation und Konfliktlösung nötig sind, um ein gutes Zeitmanagement umzusetzen.

Ganz vorneweg steht hier die Fähigkeit, Nein sagen zu können. Um nicht ganz unkooperativ zu wirken, wenn die ersten Neins vielleicht härter klingen, als sie sollen, schlagen Sie Alternativen vor: «Nein, nicht jetzt, um 12.30 Uhr können wir Ihre Frage besprechen.» Oder Sie unterbinden ständige Unterbrechungen, indem Sie sich bewusst Freiräume schaffen und dies auch kommunizieren: «Meine Tür ist zwischen 10.00 und 12.00 Uhr geschlossen, das Telefon während dieser Zeit umgeleitet.» Vergessen Sie aber nicht, dass sich ein Nein nicht nur auf

Zeiträume bezieht, sondern vor allem auf Aufgaben, die nicht wichtig sind. Delegieren Sie diese an andere weitere oder, wenn das nicht möglich ist, erledigen Sie sie mit wenig Aufwand.

Gute Ablage

In der Praxis scheitert effektives Arbeiten nicht nur, weil Prioritäten nicht bewusst gesetzt werden, sondern auch wegen der Flut an Informationen, der Sie täglich ausgesetzt sind. Selbst wenn Sie Ihre Zeit gut einteilen, kann es sein, dass Sie Ihre Ablage nicht sinnvoll organisieren oder sich keine Zeit dafür nehmen. Dabei gibt es Methoden, die recht wirkungsvoll und einfach umzusetzen sind: Unterlagen, die Sie aufbewahren, sind es auch wert, dass sie wiedergefunden werden. Schaffen Sie für alles einen festen Platz und sortieren Sie entsprechend. Organisieren Sie Ihren Computer in der gleichen Weise wie Ihre Ablage. Etwas zu suchen, kostet viel Zeit. Welches Ordnungssystem Sie verwenden, hängt von Ihren Denkstrukturen ab, nicht davon, ob es für andere geordnet oder chaotisch wirkt.

Listen und Zettel

Das A und O eines guten Zeitmanagements ist die Visualisierung Ihrer Aufgaben und der zur Verfügung stehenden Zeit. Viele Frauen kennen die beruhigende Wirkung von Arbeitslisten. Selbst wenn Sie glauben, dass Sie all Ihre Termine, Verabredungen, Ziele, Projekte und Aufgaben im Kopf behalten können, machen Sie sich bewusst, wie viel Energie Sie dafür aufwenden müssen. Wenn Stress und Hektik Ihre Ressourcen voll strapazieren, steigt außerdem die Angst, Wichtiges doch zu vergessen. Alles, was Sie aufgeschrieben haben, brauchen Sie sich nicht zu merken. Die dadurch frei werdenden Ressourcen können Sie sicher gut für andere Aufgaben gebrauchen. Im Kopf können zehn Tätigkeiten zu einem furchteinflößenden Durcheinander werden, auf dem Papier und nach Prioritäten geordnet, wird daraus eine Treppe mit einzelnen Stufen, die durchaus zu bewältigen ist.

Das gilt nicht nur für einzelne Tätigkeiten, sondern auch für größere Ziele und die damit verbundenen Schritte. Projektpläne in übersichtlicher Form an den Wänden oder im Computer zeigen genau die Fortschritte und Aufgabenverteilungen. Sie sehen, wo Sie gerade stehen, und können Ihre täglichen To-do-Listen an diesen Zielen ausrichten. Machen Sie es sich zur Gewohnheit, jeden Tag eine To-do-Liste zu erstellen, und versehen Sie die anliegenden Punkte mit Prioritäten. Achten Sie darauf, dass Sie dabei «wichtig» nicht mit «dringend» verwechseln. Legen Sie die Reihenfolge nach Wichtigkeit und nicht nach Dringlichkeit fest. Wenn andere etwas von Ihnen wollen, ist deren Anfrage meist dringend. Überlegen Sie aber, ob die Lösung für Sie wichtig ist. Prüfen Sie auch immer, ob es wirklich notwendig ist, die von anderen festgesetzten Termine einzuhalten, und ob diese wirklich so dringend sind, wie Ihnen vermittelt wird.

Ebenso ist es sinnvoll, Aufgaben zu bündeln. Wenn Sie die für den Tag anstehenden Arbeiten planen und in Ihr Zeitplanungssystem eintragen, fassen Sie ähnliche Arbeiten zu Blöcken zusammen, wenn dies möglich ist. Planen Sie zum Beispiel alle Telefonate, sämtliche zu schreibende Aktennotizen, die Beantwortung von Anfragen usw. als Einheit. Mit dieser Technik vermeiden Sie es, sich zu verzetteln. Vor allem aber ist es wichtig, dass Sie in Ihren Plan für den Tag Zeitpuffer aufnehmen. Das sind Zeiten, in denen Sie sich nichts vornehmen. Häufig wird ein Puffer von 30 bis 40 Prozent der Arbeitszeit empfohlen. Damit haben Sie Spielraum für Aktuelles und Unvorhersehbares und eine Reserve, wenn Aufgaben einmal länger dauern als erwartet.

Mit den Tipps und Strategien zum Zeitmanagement organisieren Sie nicht nur Ihre Aufgaben effizienter und angenehmer, sondern Sie ersparen sich sehr viel Stress, Ärger und Angst. Damit wiederum tragen Sie eine große Menge zu Ihrer Burn-out-Prävention bei.

Selbstcoaching

Da beim Burn-out das Gefühl der Fremdbestimmung und des Angetriebenseins dominiert, nutzen Sie das Konzept des Selbstcoachings, um Ihr Leben wieder stärker selbst in die Hand zu nehmen. Was bedeutet das modern gewordene Schlagwort «Selbstcoaching» genau? Damit hat sich Andrea Scheutz in ihrem Skriptum «Selbstcoaching für Frauen» (Wien 2004, Seite 2) beschäftigt: Es geht beim Selbstcoaching darum, wieder «Klarheit über die eigene Lebensaufgabe zu erlangen». Ideal ist es, wenn Ihr Handeln nicht vom gesellschaftlichen, sondern vom eigenen inneren Maßstab bestimmt wird. Anders ausgedrückt: Reduzieren Sie den Anteil der Aufgaben, die mit «Ich sollte …» beginnen, und ersetzen Sie diese durch Ziele und Aufgaben, die Sie mit «Ich will …» einleiten können. Das funktioniert vor allem dann sehr gut, wenn Sie Ihre Werte wieder klar vor Augen haben und erkennen, wo Sie tagtäglich gegen diese arbeiten.

Sie werden vielleicht entgegnen, dass Sie es sich gar nicht leisten können, auf Ihre Werte Bezug zu nehmen, weil die vielen äußeren Notwendigkeiten Sie zwingen, mit dem Strom zu schwimmen. Die Schulden müssen bezahlt werden, die Kinder brauchen neue Schulsachen und ganz allgemein wollen Sie Ihren Lebensstandard nicht herunterschrauben. Wer sich damit beschäftigt, wie er mehr von den eigenen Werten im Job umsetzen könnte, denkt meist als Erstes, er müsste ihn aufgeben. Ich lade Sie ein, von diesem Schwarz-Weiß-Denken abzurücken und sich ohne Vorbehalte auf die vielen Farbschattierungen dazwischen einzulassen.

Welche Ziele Sie anstreben und welchen Weg Sie gehen, können letztendlich nur Sie selbst entscheiden. So ist es sehr beklemmend, immer mit dem Gefühl zu leben, dass andere oder die Umstände dies bestimmen. Wie anders fühlt es sich doch an, wenn Sie sich bewusst dafür entscheiden, einen bestimmten Job noch länger zu machen, weil Sie nicht sicher sind, ob Sie schon in eine höhere Position wechseln wollen. Sich wie ein Opfer zu fühlen, lähmt und fördert sehr stark die Entwicklung eines Burn-outs.

Ganz anders sieht es aus, wenn Sie sich ein Ziel stecken, das sich an Ihren Wertvorstellungen und Wünschen orientiert. Damit begeben Sie sich auf eine spannende Reise. Die Planung beginnt heute, aber die Umsetzung kann ruhig erst morgen oder übermorgen passieren. Dennoch besteht hierbei eine Gefahr: Sie könnten versagen und Ihr Ziel nicht erreichen.

Am Beispiel von Frau Baier wird deutlich, was geschehen kann: Frau Baier langweilt sich in der Buchhaltungsabteilung und wird immer frustrierter, da sie ihre Ideen bei der chaotischen Chefin nicht durchsetzen kann. Dennoch weigert sie sich, über ihre Wünsche und Ziele nachzudenken oder diese gar zu formulieren. Denn Frau Baier will nicht enttäuscht werden, falls etwas schiefgeht. Ganz tief in ihrem Inneren ist seit langer Zeit die Idee gewachsen, mehr mit Menschen und Kindern arbeiten zu wollen. Aber sie gesteht es sich gar nicht zu, diese Ideen weiterzuspinnen. Sie sagt sich: «Wenn ich mir nichts wünsche, dann kann ich auch nicht enttäuscht werden oder mich vor anderen blamieren.» Also bleibt sie auf ihrem sicheren, vertrauten Posten. Sie passt sich ihrer Umgebung an, ohne zu versuchen, die Umgebung an sich anzupassen.

Ja, diese Aussage klingt vielleicht verwegen. Der Gedanke, die Umwelt an sich anzupassen, erscheint vielen Frauen sicher utopisch oder einfach frech. Doch auf den Punkt gebracht: Frau Baier vermeidet mit ihrer Strategie, die Konsequenzen für ihr

Handeln zu tragen und Eigenverantwortung zu übernehmen. Frauen fühlen sich ständig verantwortlich, für die Familie, die KollegInnen oder die PatientInnen. Wenn es aber darum geht, für sich selbst Verantwortung zu übernehmen, werden die meisten sehr unsicher. Für andere erreichen Frauen oft scheinbar Unmögliches, doch für sich selbst etwas zu fordern, fällt vielen schwer. Beim Selbstcoaching geht es nun darum, eine gewisse Selbstverständlichkeit im Handeln für sich selbst zu entwickeln. Das bedeutet für Sie, Mut zu fassen, um den eigenen Zielen zu folgen, die eigenen Werte zu erkennen und die eigenen Energien bewusst dafür einzusetzen, was Ihnen wichtig ist.

Zudem soll Selbstcoaching dazu führen, dass Sie sich trauen, einen positiven Egoismus zu vertreten. Erst wenn Sie darauf achten, dass es Ihnen gutgeht, haben Sie genug Kraft, andere zu unterstützen. Sehen Sie auch die andere Seite: Indem Sie sich dauernd für andere einsetzen, geben Sie ihnen zu verstehen, dass Sie ihnen nicht zutrauen, das eigene Leben in die Hand zu nehmen – genauso wenig, wie Sie es tun.

Sie haben sich dazu entschlossen, Karriere zu machen? Dann denken Sie darüber nach, was Sie sich vom Leben erwarten und was Sie erreichen möchten. Wenn Sie Erfolg haben wollen, wird es wichtig für Sie sein, dass Sie Ihr Privatleben genauso planen wie Ihr Berufsleben, da beide Bereiche sich gegenseitig beeinflussen. Und: Was heißt Karriere für Sie ganz genau? Mit welchen Werten ist dieser Begriff für Sie verbunden? Erst wenn Sie im Detail wissen, was Karriere für Sie persönlich bedeutet, können Sie auch gezielt darauf hinarbeiten. Immer wieder fällt auf, dass die Zukunftsvorstellungen von Frauen meist nebulöser sind als die von Männern.

Sicher werden sich einige von Ihnen fragen, wozu es gut sein soll zu planen, obwohl doch immer alles anders kommt, als man denkt. Andere Frauen wiederum unternehmen nichts, weil Sie von vornherein Angst haben, nicht das zu erreichen, was sie wollen. Allein die Angst zu versagen, bremst ihre Vorstellungskraft. Gute Planung erfüllt aber einen bestimmten Zweck: Sie soll Ihnen zeigen, wie realistisch Ihre Ziele sind. Und sie verändert Ihre Rolle. Sie sind nicht länger Opfer der Umstände, sondern aktiv Handelnde, die gewinnt und verliert. Wenn Ziele einmal identifiziert und stimmig sind, geht vieles plötzlich wie von selbst. Hinzu kommt, dass richtige Planung Ihnen Sicherheit geben kann. Wenn Sie wissen, was Sie wollen, werden Sie sich nicht mehr so einfach durch Hindernisse und Stolpersteine aufhalten lassen. Sie kennen Ihre Bedürfnisse und Ihre Werte, wissen aber auch, welche Fähigkeiten Sie haben und welche Unsicherheiten bestehen. Und Sie haben verstanden, dass Sie etwas dazulernen können und nicht perfekt sein müssen.

Wenn Sie mehr über das Thema Zielfindung lesen möchten, empfehle ich Ihnen das Skriptum «Selbstcoaching für Frauen» von Andrea Scheutz (Wien 2002) und das Buch von Barbara Sher und Barbara Smith «Ich könnte alles tun, wenn ich nur wüsste, was ich will» (München 2005).

Sobald Sie Ihr Ziel formuliert haben, prüfen Sie immer, ob die Rahmenbedingungen für die Umsetzung auch stimmen. Fragen Sie sich, ob genug Zeit, Geld und andere notwendige materielle Dinge vorhanden sind und ob Sie Hilfestellungen durch bestimmte Personen brauchen. Überlegen Sie zudem, ob Sie über ein funktionierendes Netzwerk verfügen, das folgende Funktionen erfüllt: Förderung, emotionale Unterstützung, Zusammenarbeit, Entwicklung von Strategien, Lobbying, Solidarität, Beratung, Informations- und Erfahrungsaustausch, Kontakte und Mentoring. Das Netzwerk sollte nicht hierarchisch aufgebaut sein. Um sich einen Überblick zu verschaffen, zeichnen Sie eine Kontaktskizze. In dieser Zeichnung stehen Sie im Mittelpunkt und alle Personen/Organisationen, die für Ihr Weiterkommen von Bedeutung sind, werden rundherum angeordnet. Unterstreichen Sie dann die Kontakte, die besonders wichtig für

Sie sind. Ziehen Sie dicke Linien zu den Personen/Organisationen, zu denen Sie einen guten, persönlichen Kontakt haben, und dünnere Linien zu denen, mit denen Sie wenig oder keinen Kontakt haben. Überlegen Sie, wie Sie den Kontakt zur zweiten Gruppe intensivieren oder überhaupt erst herstellen können.

Selbstcoaching bedeutet aktives Handeln und kann Ihnen somit das Gefühl zurückgeben, Chefin in Ihrem Leben zu sein und frei entscheiden zu können. Und damit sind Sie auf dem besten Weg, Ihrem Burn-out auf Wiedersehen zu sagen.

Innere Kommunikation

Die Art und Weise, wie wir mit uns selbst kommunizieren, kann uns lähmen, ängstigen, antreiben oder uns entspannt Schritt für Schritt tun lassen. Jeder Mensch spricht immer wieder mit sich selbst, meist unbemerkt, hin und wieder deutlich und manchmal sogar laut. Achten Sie eine Woche lang immer wieder darauf, wie Sie mit sich selbst sprechen. Sind Sie streng oder liebevoll? Schimpfen Sie immer wieder mit sich, wie dumm oder feige Sie sind, oder machen Sie sich mit netten Worten Mut? Viele Frauen, die mit einem Burn-out zu mir in die Beratung kamen, sind nicht sehr liebevoll mit sich umgegangen.

So auch Frau Zeller, eine freundliche und hilfsbereite Krankenschwester, die bei den KollegInnen wie bei den PatientInnen sehr beliebt ist. Sie arbeitet sehr engagiert und stellt hohe Anforderungen an sich selbst. Ihren Kindern gegenüber zeigt sie sich als liebevolle und aufmerksame Mutter. Als sie dann bemerkte, wie sie mit sich selbst sprach, war Frau Zeller selbst erstaunt. Als sie ein Glas umstieß und Saft verschüttete, nannte sie sich blöd und ungeschickt. Wenn Sie etwas vergessen hatte, bezeichnete sie sich als unfähig. Merkte sie, dass sie müde wurde, sagte sie zu sich selbst: «Reiß dich zusammen» oder «Sei nicht so wehleidig».

Wie kommt es, dass Frau Zeller so mit sich spricht? Kennen Sie das auch? Dann denken Sie zurück in Ihre Kindheit und überlegen Sie, ob früher jemand so mit Ihnen gesprochen hat. Diese Strenge mit uns selbst erfinden wir nicht, sondern sie ist das Resultat früher Erfahrungen. Daraus kann, muss aber nicht folgen, dass wir mit anderen Menschen auch so umgehen. Denn es gibt auch die andere Seite: Wenn wir als Kind so streng mit jemandem gesprochen hätten wie der Vater oder die Mutter mit uns, wären wir wahrscheinlich bestraft worden. So haben wir zwei Ausdrucksweisen gelernt, die eine, die an uns gerichtet war, und die andere, die gegenüber anderen galt. Das Fatale ist jedoch, dass die Art der inneren Kommunikation unseren Selbstwert und unser Handeln beeinflusst.

Wer sich betroffen fühlt, kann jetzt beginnen, zu lernen, die eigene innere Kommunikation zu verändern. Dazu lade ich Sie zu einer kleinen Übung ein: Erinnern Sie sich an eine Freundin, Großmutter oder Schwester, die immer auf eine liebevolle und unterstützende Art mit Ihnen spricht oder sprach. Stellen Sie sich vor, diese Person sitzt direkt vor Ihnen. Was würde sie sagen, wenn Sie gerade Saft verschüttet oder etwas vergessen haben? Vielleicht fällt Ihnen auch ein anderes Missgeschick ein, das Sie probeweise als Beispiel verwenden könnten. Versuchen Sie ganz bewusst, Worte und Gesten zu finden, die diese Person zu Ihnen sagen würde und die auf Sie positiv und aufbauend wirken. Sobald Ihnen das gelungen ist, stellen Sie sich vor, dass Sie die freundliche Person in sich hineinziehen. Jetzt tragen Sie deren Abbild in sich. Das klingt vielleicht ein wenig verrückt, aber im Grunde stellen Sie diese Person in Ihrem Inneren neben Ihren Vater oder Ihre Mutter. Wenn Sie wieder einmal sehr streng mit sich sind, erinnern Sie sich an diese Freundin oder Oma und überlegen Sie, was sie zu Ihnen sagen würde. Je öfter Sie diesem freundlichen Menschen zuhören, umso vertrauter wird Ihnen die positive Kommunikation mit sich selbst.

Vermeiden Sie Wörter, die nur dazu da sind, Ihre eigene Aussage gleich wieder abzuschwächen. «Eigentlich möchte ich mehr Sport machen, aber ich habe einfach keine Zeit.» Das Wörtchen «eigentlich» leitet den Ausweg gleich ein. Sie formulieren eine Absicht oder einen Wunsch und lassen alle Türen offen, sich auch dagegen entscheiden zu können. Damit lenken Sie Ihre Gedanken in die falsche Richtung. Wenn Sie denken «Ich möchte mehr Sport machen» oder noch besser «Ich will mehr Sport machen», folgt darauf der Gedanke «Und wie kann ich das umsetzen?» statt «Aber es geht nicht». Ähnliches gilt für die Wörter «würde», «könnte», «möchte» usw. «Ich möchte gerne wieder mal einen ganzen Tag lang im Bett bleiben und nur faulenzen.» Darauf folgt meist ein tiefer Seufzer und der Gedanke wird als nicht durchführbar wieder ganz weit nach hinten geschoben.

Diese weichmachenden Wörter werden besonders gern verwendet, wenn jemand sich arm und klein fühlt und sich ein wenig beklagen will. Jammern hat einen sehr schlechten Ruf, meist heißt es «Jammere nicht, sondern tu etwas!». Doch es erfüllt eine wichtige Funktion, da dadurch das Mitgefühl mit sich selbst zum Ausdruck kommt. Wenn Sie sich jedes Jammern verbieten, sind Sie sehr streng und hart mit sich selbst. Denn dann «dürfen» Sie nicht bemerken, dass Sie unzufrieden sind. Es kann aber durchaus lehrreich sein, sich selbst einmal zuzuhören. So erfahren Sie, was Sie unglücklich macht und wo kleine Veränderungen dringend anstehen. Und vor allem können Sie erkennen, wo Sie sich selbst daran hindern, aktiv zu werden. Schließlich jammert nur diejenige, die sich nicht wohl fühlt, aber gleichzeitig glaubt, an den Umständen sowieso nichts ändern zu können. Da beide Komponenten beim Burn-out eine sehr wichtige Rolle spielen, empfehle ich Ihnen, Ihr Jammern oder das Bedürfnis danach ernstzunehmen und sich selbst einmal gut zuzuhören.

Innere Achtsamkeit

Auch wenn Ihnen dieser Begriff gefährlich esoterisch erscheint und Sie damit nichts am Hut haben, so steckt sehr viel Hilfreiches in dieser Haltung, wenn es um die Burn-out-Prävention geht. Innere Achtsamkeit ist eine der Gegenstrategien zur Verleugnung, die wir ja als wichtige fördernde Komponente bei einem Burn-out kennengelernt haben. Bei der Verleugnung geht es darum, dass wir uns selbst nicht mehr wahrnehmen, damit wir die Pflichten und Anforderungen des Alltags erfüllen können. Bei der inneren Achtsamkeit ist es genau umgekehrt, hier halten wir kurz inne, um uns selbst, unsere Stimmung und unseren Körper wahrzunehmen. Genauso, wie Sie eine Freundin nach ihrem Befinden fragen, wenn Sie sie treffen, können Sie auch Ihren Körper fragen, wie es ihm geht. Das klingt vielleicht ein wenig seltsam, aber Ihr Körper und Ihre Psyche werden sich für diese Aufmerksamkeit mit mehr Lebendigkeit und Energie danken.

Wie lässt sich innere Achtsamkeit erreichen? Überlegen Sie bitte, welchen Stellenwert Ihr Körper für Sie hat. Ist er nur Träger für Ihren Verstand und Ihren Willen? Dann hat er zu funktionieren und braucht keine weitere Zuwendung. Vielleicht ist Ihr Körper ein noch unbeliebter Ort, den Sie nicht schön finden oder an dem Sie verletzbar sind. Daher haben Sie versucht, ihn so lange wie möglich zu ignorieren. Oder Sie haben ihn dazu gezwungen, einfach nur zu funktionieren. Diese Haltung war zunächst sicher hilfreich, doch jetzt macht diese Einstellung es Ihnen schwer, die (Warn-)Signale Ihres Körpers zu empfangen. Fakt ist, Sie brauchen Ihren Körper. Wenn er nicht gut arbeitet, können Sie Ihre Ziele nicht im vertrauten Tempo erreichen. Sie sind von Ihrem Körper abhängig und er von Ihnen.

Und jetzt stehen Sie vor der Wahl: Möchten Sie Kontrolle über oder Kooperation mit Ihrem Körper? Bis jetzt wollten Sie möglicherweise die Kontrolle. Sie haben versucht, Ihren Körper zu kontrollieren, mit Medikamenten, Energiedrinks, Kaffee, Alkohol, Essen usw. Doch auf einer fortgeschrittenen Stufe des Burn-outs übernimmt immer wieder der Körper die Kontrolle und wirft Sie mit Krankheiten aus dem Berufsalltag. Sie wiederum probieren diverse Behandlungen aus, um Ihren Körper wieder unter Kontrolle zu bringen. Das kann einige Zeit hin und her gehen, aber letztendlich wird es der Körper sein, der den Kampf gewinnt (siehe Burn-out-Stufe sechs). Und damit verlieren beide, Sie und Ihr Körper. Deshalb möchte ich Ihnen das Kooperationsmodell ans Herz legen. Sie müssen vielleicht kurzfristig zurückstecken, aber langfristig gewinnen Sie. Voraussetzung für das Kooperationsmodell und die innere Achtsamkeit ist, dass Sie Ihren Körper als Partner sehen, der auf Ihrer Seite steht.

Wenn Sie dazu bereit sind, probieren Sie einmal die folgende Übung aus: Das Praktizieren der inneren Achtsamkeit beginnt mit einem Innehalten. Blenden Sie alle Planungen und Sorgen aus, auch die Gedanken an Vergangenes bleiben außen vor. Machen Sie kurz Urlaub im Jetzt. Der Augenblick ist für sich genommen ein ruhiger und friedlicher Ort. Alle Entscheidungen und offenen Fragen müssen Sie erst in fünf Minuten klären, Fehler und Katastrophen werden erst in Zukunft sichtbar und der dringende Abgabetermin liegt auch noch in weiter Ferne. Anders gesagt: Wenn Sie Ihre Gedanken einmal nicht auf die beängstigende Zukunft richten, sondern ganz im Jetzt bleiben, dann ist alles ruhig.

Innezuhalten, während im Kopf tausend Gedanken schwirren und hundert Schritte geplant werden, ist sehr schwer. Einfach zu sagen «Und jetzt Stopp» wird nicht funktionieren, Gedanken lassen sich nicht abstellen wie ein Radio. Lenken Sie stattdessen Ihre Aufmerksamkeit auf Ihren Körper. Das ist mit einer einfachen Frage möglich: «Wie geht es meinem Körper gerade?» Beginnen Sie bei den Fußsohlen und reisen Sie in Gedanken über Ihre Knie, das Gesäß, den Rücken, die Arme bis hoch zum Kopf und wieder hinunter über Ihre Lunge hin zum Bauch.

Anschließend können Sie einfach Ihre Tätigkeit wieder aufnehmen oder eine Idee des Körpers aufgreifen und sich vielleicht strecken, eine Tasse Tee holen oder endlich Ihren knurrenden Magen ernstnehmen und Mittagessen gehen. Die Übung an sich bewirkt nichts Dramatisches. Doch wenn Sie sie regelmäßig machen, weicht das Gefühl, dass Sie den ganzen Tag wie ein Roboter funktionieren müssen. Sie hetzen nicht immer nur von einem Termin oder Meeting zum nächsten, sondern Sie schaffen Situationen, in denen es allein um Sie und Ihre Bedürfnisse geht. Diese kurzen oder auch längeren Momente des Innehaltens sind eine wunderbare Gegenstrategie, um dem Stress und dem Gefühl des Getriebenseins zu begegnen. Weitere Übungen zur inneren Achtsamkeit finden Sie im Buch «Dein Körper sagt dir, wer du werden kannst» von Klaus Renn (Freiburg im Breisgau 2006).

Natürlich geht es nicht nur darum, Ihren Körper wahrzunehmen, sondern auch Ihre Gefühle. Zur Strategie des Verleugnens gehört es, Wut, Müdigkeit oder Enttäuschung einfach zu ignorieren. Das ist zeitweise sicherlich leichter, denn diese Empfindungen stören uns, wenn wir einfach nur funktionieren wollen. Es gibt sicher auch Situationen, in denen Verleugnung sehr sinnvoll und die geeignete Strategie ist: Als Chirurgin am Operationstisch müssen Sie hochkonzentriert bleiben, da sollte Sie ein Magenknurren nicht ablenken. Aber wenn die Verleugnung zu häufig auftritt, geht dies auf Kosten unserer Lebendigkeit und Lebensfreude.

Wenn Sie dem entgegensteuern wollen, seien Sie immer wieder achtsam sich selbst gegenüber. Finden Sie heraus, welche Gefühle und Bedürfnisse in Ihnen sind. Im ersten Schritt geht es darum, erst einmal wahrzunehmen, was da ist und wie es sich anfühlt, ohne zu bewerten. Gefühle an sich sind weder gut noch schlecht, sondern aus einem bestimmten Grund einfach da. Wenn Sie merken, dass Vorwürfe oder Ängste auftauchen, schauen Sie diese ebenfalls genau an. Vielleicht möchten Sie aufgrund Ihrer Gefühle etwas verändern, sofort nach Hause gehen oder mal ausflippen. Selbst wenn Sie nichts davon tun, haben Sie sich einen Gefallen getan. Sie haben sich wahrgenommen – und zwar wirklich sich selbst und nicht nur Ihre Leistungen. Damit wiederum haben Sie etwas gegen die Burn-out-Gefahr getan und Ihre Widerstandkraft gegen die vielen Leistungsansprüche und Erwartungen von außen (und von innen) gestärkt.

Erfolgs- und Misserfolgsfaktoren

Jeder Mensch nimmt bei Erfolg oder Misserfolg automatisch eine Bewertung der Ursachen vor. Wenn ich Frauen frage, was der Grund für ihren Erfolg ist, nennen sie entweder Glück oder Unterstützung durch andere, also etwas, das nicht in ihrer Hand liegt. Wenn ich aber wissen möchte, wie ein Misserfolg zustande gekommen ist, finden Frauen tausend Gründe, die bei ihnen liegen. Sie sind nicht klug, nicht schnell, nicht gewitzt, nicht stark genug. Insgesamt ergibt sich folgendes Bild, das viele Frauen vermitteln: «Erfolg hat nichts mit mir zu tun, aber Misserfolg ist das Resultat meiner Mängel.» Damit lässt sich das eigene Selbstbewusstsein nun wirklich nicht stärken. Geht es Ihnen auch so? Sehen Sie nur Ihre Mängel, während Ihre Stärken und Kompetenzen irgendwo im Untergrund liegen oder so selbstverständlich sind, dass sie auf Ihren Erfolg keinen Einfluss haben?

Wie lässt sich diese Haltung verändern? Den ersten Schritt haben Sie gemacht, indem Sie bemerkt haben, dass Sie Erfolg nicht Ihren Leistungen zuschreiben. Sie können nun dieses Muster durchbrechen und ganz objektiv analysieren, welche Ihrer Kompetenzen für den Erfolg ausschlaggebend waren. Erzählen Sie danach auch Ihrem Partner oder Ihren FreundInnen so von Ihrem Erfolg, dass ganz klar wird, was Sie dazu beigetragen haben. Dadurch geben Sie einem ganz neuen Gefühl Platz, dem Stolz. Jetzt können Sie stolz auf sich sein, vor sich selbst und vor anderen. Das ist eine Form der Selbstbestätigung, die Sie sich selbst geben können. Und dadurch sehen auch andere Ihre Leistungen und Sie erhalten leichter die Anerkennung, die jeder Mensch braucht. Der spannende Nebeneffekt besteht darin, dass Sie immer weniger Anerkennung von außen brauchen, desto mehr Stolz Sie verspüren. Auf diese Art wächst Ihr Selbstbewusstsein und Ihre Kritikfähigkeit wird größer. Und Sie können positive Erfahrungen besser abspeichern und in ähnlichen Situationen leichter darauf zurückgreifen. Das reduziert Ängste und damit Stress. Die eigene Anerkennung und Stolz zu pflegen, ist ein guter Schutz gegen Burn-out.

Und wie gehen Sie mit Aufgaben um, die Sie regelmäßig erledigen? Hier entwickeln Sie eine Routine und die Arbeit geht Ihnen leicht von der Hand. Das verändert Ihre Wahrnehmung, diese Leistungen werden selbstverständlich. Andere werten Ihre Fähigkeit als große Stärke oder außergewöhnliche Begabung. Versuchen Sie auch hier, sich selbst zu stärken, und zwar auf die gleiche Weise wie eben beschrieben.

Wenn es um Erfolg und Misserfolg geht, kommt noch ein weiterer Faktor hinzu: In meiner Praxis erlebe ich es immer wieder, dass Frauen von vornherein die Einstellung vertreten, vieles nicht zu können. Diese «erlernte Hilflosigkeit» hemmt sie vor allem unter Konkurrenzdruck beträchtlich, denn sie untergräbt die Motivation, beeinträchtigt die Lernfähigkeit und verhindert, dass neue Herausforderungen angenommen werden. Doch wie entsteht diese erlernte Hilflosigkeit? Sie entwickelt sich, weil Frauen in der Kindheit weniger positiv darin bestätigt werden, aus Fehlern zu lernen. Jungen zum Beispiel werden im besten Fall ermutigt, etwas so lange zu probieren, bis sie erfolgreich sind. Und dabei lernen sie, dass Fehler den Weg zum Erfolg weisen. Zudem werden Mädchen eher getröstet statt motiviert. Das Gefühl des Scheiterns wird dann entweder hingenommen (erlernte Hilflosigkeit) oder diese Frauen versuchen später, in allem, was sie tun, perfekt zu sein – was sowieso nicht funktionieren kann.

Um die eigene Arbeit positiv zu bewerten, sind realistische Maßstäbe notwendig. Wenn die Messlatte sehr hoch liegt, erkennen viele Frauen nicht mehr, dass die Anforderungen im Job oder durch die Mehrfachbelastung nicht mehr zu erfüllen sind. Sie sehen nur, was sie alles nicht geschafft haben, und übersehen die Unmöglichkeit der eigenen Zielvorgaben.

Selbst sehr erfolgreiche Frauen in Toppositionen kämpfen mit der Angst, ertappt zu werden, dass sie Leistungen nur vortäuschen. Sie können ihre Arbeit nicht realistisch einschätzen und halten sich für Schwindlerinnen. Diese Unsicherheit kombiniert mit den hohen Anforderungen von außen produziert täglich enormen Stress, was es ziemlich schwer macht, abzuschalten. Wer in der Lage ist, die eigenen Fähigkeiten realistisch einzuschätzen und auf diese zu vertrauen, kann den Tag viel ruhiger angehen. Ein Coach als neutrale Person bietet Unterstützung dabei, die eigenen Fähigkeiten und Erfolge besser einschätzen und bewerten zu lernen. Vielleicht schreiben Sie Ihre Stärken auf einen großen Bogen Papier, damit Sie sich diese immer wieder deutlich vor Augen führen können.

Achten Sie außerdem darauf, ob Sie angesichts neuer Herausforderungen sofort mit Sätzen wie «Ich kann das nicht» reagieren. Halten Sie in solchen Situationen einen Moment lang inne und überlegen Sie in Ruhe, ob diese spontane Einschätzung stimmt oder welche Unterstützung Sie brauchen würden, um das Risiko trotzdem einzugehen. Das soll keine Anregung sein, alles zu probieren. Würde mir zum Beispiel jemand vorschlagen, auf den Mount Everest zu gehen, wäre meine erste Reaktion die richtige: «Das kann ich nicht.» Mir fehlen zu viele Kenntnisse und Fähigkeiten, um dieses Vorhaben unbeschadet überstehen zu können. Mit viel Training sowie großem Einsatz könnte ich mir vielleicht die notwendigen Voraussetzungen erarbeiten, aber – und jetzt kommt der zweite wichtige Punkt – will ich das überhaupt? Insgesamt geht es um eine realistische Einschätzung Ihrer Fähigkeiten in Kombination mit der Entscheidung, ob Sie die Energie aufwenden wollen, um in diesem Bereich dazuzulernen.

Der Satz «Das kann ich nicht» drückt die Angst vor etwas Neuem aus. Furcht zu verspüren, ist eine völlig normale Reaktion und mobilisiert unsere Kräfte. Sie weist uns auf reale und vermutete Gefahren hin, die ernstgenommen werden wollen. Allerdings sollte die Angst Sie nicht davon abhalten, das zu tun, was Sie wirklich möchten. Wie immer beim Thema Burn-out-Prävention gilt auch hier: Finden Sie das richtige Maß, denn zu viel Neues, zu viel Angst und Stress über lange Zeit sind nicht gesund und fördern das Ausbrennen. Gehen Sie daher kleine Schritte. Und wenn der Schritt einmal sehr groß sein muss, weil Sie sich auf etwas ganz Neues und Großartiges einlassen wollen, sorgen Sie für genug Ausgleich und Vertrautes. Ziehen Sie all Ihre Erfolge und Kompetenzen als kleine imaginäre Helfer heran, die Ihnen während der schwierigen neuen Aufgaben zur Seite stehen.

Sorgentante für alle

Eine beliebte Rolle, die Frauen im Büro übernehmen, ist die der Sorgentante. Dahinter verbirgt sich eine bei allen beliebte Kollegin, der alle alles erzählen können. Kennen Sie das? Kaum sitzen Sie am Morgen an Ihrem Schreibtisch, stürmt schon die erste Kollegin herbei, um Ihnen die neuesten Entwicklungen in ihrem Beziehungskonflikt zu erzählen. Und wenn Sie sehen, dass eine Kollegin mit trauriger Miene vor ihrem Computer sitzt, können Sie sich nicht auf berufliche Themen beschränken, sondern fragen nach, ob es ihr gutgeht. Da Sie eine gute und wertschätzende Zuhörerin sind, nimmt die Kollegin nur zu gerne das Angebot an und erzählt von ihrem Kummer mit der kranken Mutter.

Um die Rolle der Sorgentante auszufüllen, brauchen Sie bestimmte Voraussetzungen. Sie müssen eine einfühlsame und geduldige Zuhörerin sein, die Wertschätzung vermittelt. Zudem dürfen Sie Ihre persönlichen Grenzen nicht zu eng ziehen, damit andere keine großen Hemmungen zu haben brauchen, Ihnen ihr Herz auszuschütten. Das wiederum setzt natürlich voraus, dass bei manchen KollegInnen das Mitteilungsbedürfnis stärker ist als das Gefühl für das passende Maß und den richtigen Zeitpunkt.

Die Rolle der Sorgentante gibt es in unterschiedlicher Ausprägung in fast jeder Firma und sie ist schmeichelhaft und vermittelt ein Gefühl von Wichtigkeit. Die Menschen brauchen Sie, Ihren Rat und Ihr Mitgefühl. Damit tragen Sie viel zum emotionalen Klima in Ihrer Firma bei, nur leider gibt es wenige Vorgesetzte, die diese Funktion auch zu würdigen wissen. Für Ihre Karriere und die öffentliche Anerkennung ist diese Rolle nicht sehr förderlich. Problematisch wird die Position als Sorgentante dann, wenn Ihre Zeitressourcen sehr begrenzt sind. Dann wird Ihnen immer wieder klar, wie sehr die anderen über Ihre Zeit verfügen und wie schwer es Ihnen fällt, Grenzen zu ziehen und diese auch zu verteidigen.

Stellen Sie sich folgende Situation vor: Eine Kollegin stürmt in Ihr Zimmer und beklagt sich bitterlich darüber, wie ungerecht Herr Y sie behandelt hat. Sie haben an diesem Tag einen sehr dichten Terminplan und eigentlich keine Zeit für die Sorgen Ihrer Kollegin. Wer bestimmt nun über Ihre Zeit? Sie selbst oder Ihre Kollegin, die selbstverständlich ihr Mitteilungsbedürfnis in den Vordergrund stellt? Und schon geraten Sie in einen inneren Konflikt. Ihr nettes Ich will die Kollegin unterstützen und sie nicht kränken. Dieser Persönlichkeitsanteil hat auch Angst vor den Konsequenzen. Bilder tauchen auf, dass die verärgerte Kollegin den Informationsfluss stocken lässt oder wichtige Arbeiten für Sie nicht mehr erledigt. Vielleicht wollen Sie auch das gute Arbeitsklima nicht stören und halten die Situation einfach aus. Ihr nettes Ich ist auf jeden Fall dafür, der Kollegin bis zum Ende zuzuhören. Auf der anderen Seite ärgern Sie sich über deren Ignoranz und sehen es nicht ein, warum Sie wegen der Kollegin in Zeitdruck geraten sollen. Und Ihnen geht es auch schon ganz schön auf die Nerven, was Sie sich da anhören müssen.

Wie lösen Sie nun diesen inneren Konflikt, bevor Sie sich möglicherweise einen äußeren Konflikt einhandeln? Da sich in letzter Zeit meist Ihr nettes Ich durchgesetzt hat, ist es an der Zeit, dass auch Ihre selbstfürsorgliche Seite einmal zum Zug kommt. Sie können es auch von Ihrem Stresslevel abhängig machen, wie lange Sie zuhören wollen. Aber wie beenden Sie das Klagen der Kollegin? Unfreundlich zu sein, ist in den meisten Fällen gar nicht notwendig. Finden Sie klare Worte und vermeiden Sie abschwächende Wörter wie «eigentlich», «vielleicht» usw. Formulieren Sie zum Beispiel so: «Liebe Frau Kollegin, so gerne ich noch zuhören würde, leider habe ich sehr viel zu tun und muss Sie bitten, Ihre Schilderungen auf später zu verschieben.» Oder: «Frau Kollegin, ich muss jetzt ganz unhöflich sein und sie hinauswerfen, ich gehe gerade vor lauter Arbeit unter.» Das sind nur zwei Vorschläge, vielleicht finden Sie andere Sätze, die für Sie und Ihre Kollegin besser geeignet sind. Auch Humor können Sie einsetzen, sofern er die Klarheit Ihrer Aussage nicht verfälscht.

Wichtig ist, dass Sie nicht nur mit dem Zaunpfahl winken, sondern die Dinge direkt ganz ansprechen. Vielen Frauen fällt es leichter, wenn Sie im ersten Satz ein «Ich muss jetzt unfreundlich, unhöflich, nicht nett sein» usw. einflechten. Bedeutender als die Formulierungen ist aber, dass Sie entscheiden, ob Sie die Sorgentante sein wollen und wenn ja, wann und wie lange. Sie dürfen bestimmen, nicht die anderen. Bedenken Sie auch, dass jene, die immer wieder Grenzen ziehen und auch mal Nein sagen, mehr geschätzt und respektiert werden als diejenigen, die immer zu allem Ja sagen.

Umgang mit Kritik

Das Wort «Kritik» bezeichnet ursprünglich nichts Negatives, sondern bedeutet «urteilsfähig». Eine Person, die Kritik äußert, sollte daher von ihrer Kompetenz her in der Lage sein, ein Urteil zu fällen. Auf der anderen Seite stellt die Fähigkeit, Kritik anzunehmen und zu verarbeiten, eine kostbare Ressource dar. Wie ausgeprägt diese ist, hängt damit zusammen, wie Sie mit Fehlern umgehen. Es liegt aber nicht nur an Ihnen, ob Sie ein solches Feedback annehmen können. Kritik kann nur konstruktiv sein, wenn Sie mit Wertschätzung verbunden ist. Ansonsten wirkt sie wie ein Angriff und der Kritisierte wird mit einem Gegenangriff oder mit Rechtfertigung reagieren. Eine wichtige Regel im beruflichen Kontext lautet: Nehmen Sie Kritik nie persönlich, sondern versuchen Sie, den sachlichen Hintergrund zu verstehen. Bevor Sie in die Rechtfertigungsfalle tappen, kontern Sie mit W-Fragen, also Fragen, die mit wer, wann, warum, weshalb oder wie beginnen. Damit gewinnen Sie Zeit, begreifen die Inhalte besser und können herausfinden, ob Kritik konstruktiv gemeint war oder nicht.

Wenn Sie kein positives Feedback bekommen, versuchen Sie, nicht verletzt oder gekränkt zu reagieren, sondern schlagen

Sie konstruktive Lösungen vor. Wenn Sie in einem Meeting berechtigte Kritik an Ihrer Arbeit erwarten, überlegen Sie sich keine Rechtfertigungen und Entschuldigungen, sondern bereiten Sie sich darauf vor, Ansätze für das aktuelle Problem zu benennen. Damit wirken Sie souverän und bieten potenziellen KonkurrentInnen weniger Angriffsfläche. Und Sie gehen mit einem besseren Gefühl aus der Besprechung, weil Sie mit Ihren neuen Ideen die Situation nicht ganz aus den Händen gegeben haben. Wenn Sie bemerken, dass eine Kritik sehr persönlich wird oder zu werden droht, fordern Sie ganz vehement und deutlich zur Sachlichkeit auf. Lassen Sie sich nicht dazu verführen, auf der persönlichen Ebene zu reagieren, Sie können nur verlieren, außer Sie sind Meisterin in Kampfrhetorik. Frauen wird sowieso schon unterstellt, dass sie vieles zu persönlich nehmen, daher wird dieses Vorurteil gerne verwendet, um ihren Worten die Aussagekraft zu entziehen. Lassen Sie sich hier auf nichts ein.

Lehnen Sie Kritik an Ihrer Person ab, aber begrüßen Sie eine kritische Auseinandersetzung mit konkreten Themen oder bestimmten Entscheidungen. Fragen Sie genau nach, wenn die Einwände zu schwammig und allgemein formuliert sind. Ist das Feedback nicht konstruktiv gemeint, wird sich der Kritiker selbst verraten. Lassen Sie sich auch nicht von destruktiver Kritik einschüchtern, sondern fragen Sie zum Beispiel sachlich nach sinnvollen Lösungsvorschlägen. Die Voraussetzungen, Kritik offen anzunehmen oder sachlich zu relativieren, sind gesunde Selbstkritik und Selbstsicherheit. Mit diesem Gefühl können Sie positiv reagieren: «Vielen Dank für den kritischen Einwurf», «Da haben Sie den problematischen Aspekt gleich erkannt» oder auch «Ja, es zeigt sich nach dem aktuellen Stand der Dinge, dass eine andere Lösung gefragt ist, meine Idee wäre ...» Es zeugt immer von Stärke, berechtigter Kritik zuzustimmen und danach weiter an einer Lösung mitzuarbeiten.

Haben Sie diese Strategie verinnerlicht, kommen Sie nicht in Versuchung, sich wortreich zu verteidigen oder zu rechtfertigen. Das würde nur negative Gefühle erzeugen und Sie unsicher oder besserwisserisch erscheinen lassen. Auch wenn es schwer fällt, ungerechtfertigten Vorwürfen nicht zu begegnen, es ist oft besser, auf lange Erklärungen zu verzichten. Ist Ihr Gegenüber ehrlich daran interessiert, zu verstehen, wie Fehler passiert sind, dann ist eine kurze Analyse durchaus angebracht. Angesichts des überall herrschenden Zeitdrucks will fast jede oder jeder Vorgesetzte nur, dass alles funktioniert. Kaum einer nimmt sich noch die Zeit zu verstehen, warum etwas schiefgegangen ist.

Ganz nahe verwandt mit der Tendenz, sich zu schnell zu rechtfertigen, ist das Phänomen, dass Frauen zu lange über ihre Fehler nachdenken und sich diese nur schwer verzeihen können. Männer hingegen nehmen Fehler zur Kenntnis, schieben sie weg und machen weiter. Oder Sie geben jemand anderem die Schuld. Viele Frauen quälen sich mit Überlegungen, wie ein Fehler nur hat passieren oder wie Sie besser auf die darauf folgende Kritik hätten reagieren können.

Doch wie kann man lernen, sich bei Kritik richtig zu verhalten? Stoppen Sie ganz bewusst alle vorwurfsvollen Gedanken und schreiben Sie auf, was zur Kritik geführt hat. Stellen Sie dann fest, ob Sie daraus etwas für die Zukunft lernen können. Wenn ja, freuen Sie sich darüber. Lässt sich nichts Lehrreiches finden, weil zum Beispiel das Problem gar nicht bei Ihnen lag, brauchen Sie eine neue Strategie für Situationen, in denen Sie nicht alles unter Kontrolle haben. Fahnden Sie nach inneren Glaubenssätzen, die es Ihnen besonders schwermachen, wenn Sie vor anderen mal nicht gut dastehen, zum Beispiel: «Wenn ich die anderen enttäusche, wollen die nie wieder etwas von mir wissen.» Vielleicht hilft Ihnen auch ein innerer Stufenplan, der so aussehen könnte: 1. mit W-Fragen nachfragen, 2. die sachliche Ebene der Kritik betonen, 3. Ist die Kritik richtig und zutreffend, bestätigen und Lösungen überlegen, ist sie unrichtig, zurückweisen oder an die richtige Stelle weitergeben.

Natürlich sind Fehler und die entsprechende Kritik sehr ärgerlich und vielleicht würden Sie gerne mal vor Zorn gegen den Schreibtisch treten. Das ist übrigens gar keine so schlechte Idee, wenn Sie alleine in einem Büro sitzen – passen Sie aber auf Ihre Zehen auf. Manchen Frauen hilft es auch, Altpapier zu zerreißen, um den ersten Ärger abzureagieren. Oder Sie behelfen sich mit einer deftigen Schimpffantasie. Wie Sie es auch erreichen, es ist wichtig, nach solchen Situationen die Stopptaste zu drücken und kurz durchzuatmen. Dann können Sie sich wieder nach vorne orientieren und sich auf die nächste Runde konzentrieren.

Hinterhältiges Lob

Von jemandem gelobt zu werden, ist eine wunderbare Sache. Aber Lob kann auch benutzt werden, um ein Nein in ein Ja umzuwandeln oder um noch mehr Leistung aus einem Menschen herauszuholen. Wenn Sie ein solches Lob hören, wird Ihnen keine Anerkennung ausgesprochen, sondern jemand will Sie manipulieren, um die eigenen Interessen durchzusetzen. Diese Strategie ist gegenüber Frauen sehr beliebt, weil sie den Lobenden gut dastehen und die Situation so aussehen lässt, als hätten Sie freiwillig die zusätzliche Arbeit übernommen. Lob kann somit indirekt Druck auslösen.

Werden Sie grundsätzlich hellhörig, wenn mit einem Lob eine Bedingung, eine Bitte oder eine Forderung verbunden wird. Typische Sätze sind: «Sie verstehen davon einfach mehr, könnten Sie daher das Problem mit meiner Kundin klären?» oder «Sie sind die Schnellste und Beste bei den Berechnungen, bitte übernehmen Sie das, sonst kriegen wir den Auftrag nicht». Diese Formulierung legt nahe, dass Sie schuld daran sind, falls der Auftrag verloren geht, wenn Sie Nein sagen. Und das, obwohl es gar nicht um Ihre Kundin geht oder Ihr Kollege ein schlechtes Zeitmanagement hat. Sich hier klar abzugrenzen und immer wieder Nein zu sagen – vor allem, wenn Ihnen selbst die Arbeit bis zum Hals steht –, ist nicht leicht. Tun Sie es trotzdem, sonst lernt der Kollege, dass er sich auf Sie als Troubleshooter verlassen kann und seine Strategie des hinterhältigen Lobes funktioniert.

Die So-nett-Falle

Sehr eng verwandt mit dem hinterhältigen Lob ist die So-nett-Falle. Auch hier geht es letztlich darum, dass Ihnen unangenehme oder/und zusätzliche Arbeiten aufgehalst werden sollen. Gefährlich sind Sätze wie «Seien Sie doch so nett und schieben Sie diesen Patienten bei Ihnen dazwischen», «Ich brauche Ihre Hilfe, bitte klären Sie diese Klausel noch mit Kunden X» oder «Sie sind meine letzte Hoffnung ...». Wenn ein Kompliment oder ein Hinweis auf Ihre Hilfsbereitschaft mit einem Auftrag verknüpft wird, seien Sie misstrauisch. Nur selten geht es wirklich um Leben und Tod, auch wenn Ihre Kollegin oder Ihr Kollege Ihnen dies gerne weismachen will. Einen Versuch dieser Art zu wagen, ist im Sinne der Burn-out-Prävention der Kollegin oder des Kollegen durchaus legitim, es liegt allein in Ihrer Verantwortung, nicht in diese Falle hineinzutappen.

Es geht nicht darum, keine Solidarität und Hilfsbereitschaft mehr zu zeigen. Die So-nett-Falle tut sich da auf, wo die Balance zwischen Geben und Nehmen nicht mehr stimmt. Wenn immer Sie es sind, die Ihre Zeit opfert oder Ihre Arbeit unterbricht, um andere zu retten oder zu unterstützen, stimmt etwas nicht. Zwischen Hilfsbereitschaft und Ausbeutung liegt nur ein schmaler Grad. Die Rolle der netten Kollegin oder auch lieben Mama oder Freundin ist anfangs sehr angenehm. Sie sind beliebt und fühlen sich wichtig, weil alle zu Ihnen kommen, wenn sie etwas brauchen. Sie haben das Gefühl, etwas Gutes für das Betriebsklima und für Ihre Freundschaften zu tun. Vielleicht kennen Sie diese Rolle bereits aus der Zeit der Ausbildung oder aus Ihrer Ursprungsfamilie. Aber leider lädt diese Hilfsbereitschaft die nicht so netten Menschen ein, zuerst zu Ihnen zu kommen, bevor sie selbst eine Lösung suchen. Wenn der Leistungsdruck bei allen groß ist, versucht jeder so viel wie möglich zu delegieren. Die Netten bleiben auf viel Arbeit sitzen und erhöhen damit Ihr Burn-out-Risiko.

Ein zweiter Aspekt der So-nett-Falle ist die Selbstverständlichkeit, mit der manche Menschen sich erlauben, unfreundlich und anmaßend gegenüber netten Menschen zu sein. Sie wissen, dass die Netten immer auf Harmonie und eine friedliche Atmosphäre achten werden, und vergessen selbst den guten Ton. Leider verfahren manche nach dem Grundsatz, dass sie ihren Launen freien Lauf lassen, wenn sie keine Angst zu haben brauchen, angeschnauzt oder in die Grenzen verwiesen zu werden. Immer wieder höre ich als Therapeutin vor allem von Frauen, die sich bemühen, nett zu sein, wie respektlos sie von Ihrer Chefin oder Ihrem Chef behandelt werden.

Wenn auch Sie dieses Gefühl kennen, hören Sie damit auf, immer nett sein zu wollen. Erlauben Sie sich auch einmal, lauter zu werden. Die Menschen bringen Ihnen mehr Respekt entgegen, wenn sie wissen, dass sie auch von Ihnen mal scharf zurückgewiesen werden. Wer sich ab und zu wehrt und Nein sagt, ist nicht nur beliebt, sondern wird auch respektiert. Seien Sie also nicht nur nett zu anderen, sondern auch zu sich selbst. Sie gehen nicht sehr liebevoll mit sich selbst um, wenn Sie sich immer mehr Arbeit aufhalsen lassen, obwohl Ihr Schreibtisch bereits überläuft.

Es wird Ihnen anfangs sehr schwerfallen, auch mal nicht nett zu sein. Vielleicht fühlen Sie sich unfreundlich und egoistisch.

Ihre KollegInnen werden ebenfalls verwirrt darauf reagieren, da Sie eine praktische und pflegeleichte Kollegin verlieren. Jede Veränderung in Ihrem Verhalten wird anfänglich Widerstand bei anderen hervorrufen. Das ist gut, daran erkennen Sie, dass Sie auf dem richtigen Weg sind.

Auch wenn Sie während der Umstellung einmal ein wenig über die Stränge schlagen, Sie werden einen Mittelweg zwischen Hilfsbereitschaft und Fürsorge für sich selbst finden. Und auch Ihre KollegInnen werden sich an Ihr neues Verhalten gewöhnen. Prüfen Sie immer wieder im Einzelfall, wann Ihnen die Arbeit wirklich zu viel wird und wann Sie weiterhin gerne helfen. Wichtiger Faktor bei diesen Entscheidungen ist Ihr jeweiliger Stresslevel. Wenn Sie genug Spielraum haben, werden Sie bestimmt weiterhin gerne aushelfen, indem Sie Aufgaben von anderen übernehmen.

Überlegen Sie, in welchen Situationen Sie wie reagieren und was Sie daran ändern könnten. Versuchen Sie es auch mit Humor, wenn Ihnen das liegt. Es kann hilfreich sein, mit FreundInnen und Coaches neue Ideen zu entwickeln, doch nur Sie allein können einschätzen, ob eine neue Verhaltensweise zu Ihnen und zur jeweiligen Situation passt. Provokante Freundlichkeit – «Ihnen auch einen guten Morgen», wenn Ihre Vorgesetzte oder Ihr Vorgesetzter ohne Gruß einen Auftrag auf Ihren Tisch knallt – kann eine gute Strategie sein, um die Gegenseite zu irritieren. Ebenso ist gespielte Schwerhörigkeit bei unfairen Delegationsversuchen manchmal sehr wirksam. Antworten Sie auch einmal auf die Bitte «Frau Steiner, seien Sie bitte so nett und überprüfen Sie mir …» mit «Ich bin nicht nett!». Das Erstaunen danach kann durchaus erfrischend sein und die andere Person wird sich gut überlegen, ob sie wieder mit dieser Floskel anrückt.

Das einzige Risiko dabei ist der anfängliche Widerstand gegen Ihre neue Abgrenzung, wobei frauenfeindliche Witze und

Reaktionen sehr beliebt sind. Dazu gehören Standards wie «Was sind Sie so zickig heute?» oder «Du hast wohl deine Tage?». Lassen Sie sich durch solche Bemerkungen nicht in die Defensive treiben, sondern reagieren sie selbstbewusst: «Ja, ich bin eine Zicke» oder «Du kannst noch was erleben, wenn ich wirklich meine Tage habe». Oder Sie drohen damit, Ihre Hilfsbereitschaft ganz aufzugeben, wenn die Person weiterhin so blöde Sprüche klopft. Wie fast überall wird es auch in Ihrer Arbeitsumgebung Menschen geben, die Sie mit fiesen Tricks weich und gefügig halten wollen. Bezeichnungen wie «Zicke», «Emanze» und Sprüche wie «Wohl keinen Sex gehabt?» und Ähnliches sind in solchen Situationen häufig zu hören. Der beste Umgang mit Erpressungen – «Wenn du nicht Ja sagst, bist du eine böse Emanze» – ist, sich nicht kleinkriegen zu lassen. Antworten Sie darauf mit «Ja, ich bin eine Emanze» oder «Ja, und?». Die Person, die auf diese Weise mit Ihnen umgeht, wird Sie vielleicht nicht mehr so gern mögen, aber sie wird Sie mehr respektieren. Daher empfehle ich mehr Mut zur Zicke und zur Unbequemen. Das macht mehr Spaß und weniger Arbeit.

Böse Tricks erkennen

Ich möchte Ihnen an dieser Stelle eine kleine Auswahl böser Tricks vorstellen und Ihnen den Umgang damit erläutern. Denn wenn Sie den richtig beherrschen, können Sie eine ganze Menge Energie sparen. Richtig gute böse Tricks treten nicht offen zu Tage, daher braucht es ein wenig Erfahrung, damit Sie diese erkennen und entsprechend reagieren können. Auch hier gilt wieder: Schrauben Sie Ihre Erwartungen an sich selbst nicht allzu hoch. Tricks zu erkennen sowie schlagfertig und souverän damit umzugehen, das lässt sich nicht an einem Tag lernen. Feiern Sie gute Reaktionen und lernen Sie aus schlechten, ohne sich dafür streng zu bestrafen.

Böse Tricks werden selten eingesetzt, um die eigenen Ziele besser durchzusetzen, sondern meist dazu, um die Macht und Kompetenz einer anderen Person zu untergraben. Es geht darum, dass sie schlecht dasteht. Wir haben es hier nicht mit der Diskussion realer Inhalte, sondern mit Macht, Selbstdarstellung und der Rangordnung in einer Gruppe zu tun. Da viele Frauen sich sehr auf inhaltliche Aspekte konzentrieren, vernachlässigen sie diesen Schauplatz und landen auf schlechten Positionen. So verschenken sie Macht und Chancen. Sie wissen es ja bereits: Karriere entsteht nicht nur durch Leistung, sondern auch durch Selbstpräsentation und Machtdemonstrationen. Wenn Sie all Ihre Energie auf Inhalte und Leistungen legen, brennen Sie sich aus und erreichen doch nicht das gewünschte Ziel.

Mit welchen bösen Tricks und Spielchen müssen Sie denn nun rechnen? Hier eine kleine Auswahl: Achten Sie darauf, wie Sie anderen vorgestellt werden, zum Beispiel: «Darf ich Ihnen Frau Winter vorstellen, die dafür sorgt, dass es uns allen hier gut geht?» Wer würde vermuten, dass Frau Winter eine wichtige Führungsposition innehat? Mit der Wortwahl sind immer Bewertungen verknüpft. Für das soziale Wohl zu sorgen, hilft nicht weiter, wenn es um Karriere geht, Führungskraft zu sein und wichtige Entscheidungen zum Wohl der Firma zu treffen hingegen schon. In solchen Fällen empfiehlt es sich, dass Sie sich selbst nochmals vorstellen und Ihre Position nennen, zum Beispiel: «Gerda Winter. Ich bin die kaufmännische Direktorin.» Denn solche – wenn auch unter dem Deckmantel des Charmes verteilten – Attribute untergraben Ihre Autorität, und zwar nicht nur vor der Person, der Sie gerade vorgestellt wurden, sondern auch vor den eigenen MitarbeiterInnen.

Zu den klassischen verbalen Tricks gehört es auch, gezielt zu unterbrechen, die sachliche Ebene zu verlassen, Ihre Fragen nicht zu beantworten oder Ihre Redebeiträge zu ignorieren. Sehr wirkungsvoll sind auch Unterbrechungen durch irritierende Fragen, die bei genauerer Betrachtung gar nicht zum Thema passen, oder Verallgemeinerungen, mit denen Ihr Gegenüber kontert. Das sind Sätzen mit «man» oder «es», zum Beispiel: «Man weiß ja, dass das noch nie funktioniert hat» oder «Es ist doch offensichtlich, dass diese Vorgehensweise keinen Erfolg haben wird.» Wichtig bei diesen Spielchen ist, dass Sie jede unerwünschte Unterbrechung sofort ahnden: «Wenn ich zu Ende sprechen darf, Herr Heiner», «Unterbrechen Sie mich nicht, Herr Heiner» oder charmanter «Bitte merken Sie sich Ihren interessanten Beitrag für später, Herr Heiner». Verwenden Sie dabei immer den Namen der betreffenden Person. Fordern Sie nach Ihrem Redebeitrag konkret eine Antwort ein: «Ihre Sichtweise, Herr Heiner, interessiert mich besonders.» Bestehen Sie auch unbedingt auf Sachlichkeit bei den Kommentaren. Gehen Sie auf unsachliche Anmerkungen gar nicht ein, da Sie sonst Gefahr laufen, die Kontrolle und Ihren roten Faden zu verlieren.

Wenn jemand mit solchen Tricks arbeitet, spüren Sie wahrscheinlich spontan ein Unbehagen. Wenn das der Fall ist, lassen Sie sich auf nichts ein, sondern bleiben Sie ganz bei Ihrer Redestruktur: «Ich möchte beim Thema bleiben ... oder «Konzentrieren wir uns auf die Kernpunkte.» Stellen Sie offene W-Fragen, das bringt die Diskussion voran und sorgt dafür, dass Sie die Kontrolle behalten. Haken Sie vor allem bei Verallgemeinerungen nach: «Auf welche Erfahrungen stützen Sie sich, wenn Sie sagen, dass es so nicht funktionieren kann?» Schließlich müssen nicht Sie Ihre Idee rechtfertigen, sondern der Kritiker sollte seine zu allgemein gehaltene Kritik näher erläutern. So drängen Sie Ihr Gegenüber in die Defensive.

Sie merken, dass Sie durch gemeine Taktiken anderer ins Schwimmen geraten? Dann versuchen Sie, Zeit zu gewinnen und den Ablauf zu bremsen. Formulieren Sie dazu Fragen wie «Was haben Sie mit diesem Einwand genau gemeint?» oder

«Könnten Sie Ihr Argument näher erläutern?». Sie können auch wieder Boden gewinnen, indem Sie einen Angriff klar zurückweisen: «Ich nehme Ihre Bemerkung nicht an, sie ist nicht konstruktiv», «Sie drängen mich in eine Rolle, die ich nicht innehabe» oder «Sie sollten lieber versuchen, mich mit Argumenten zu überzeugen.»

Zu diesen Tricks kommen noch eine Fülle von Killerphrasen hinzu, die jeden verstummen lassen, der ernsthaft auf sie eingeht. Hier eine kleine Auswahl, einige werden Ihnen sicher bekannt vorkommen: «Typisch Frau, …», «Ja, bewahr dir nur deine Illusionen, die Wirklichkeit sieht anders aus», «Sogar Sie waren schon mal besser», «Na, heute wieder mal ein wenig hektisch und gestresst?». Abhängig davon, welcher Typ Sie sind und wer den Killersatz ausgesprochen hat, können Sie die Bemerkung ignorieren, sachlich richtigstellen, bewusst falsch interpretieren und damit lächerlich machen, hinterfragen, aufdecken («Danke für das schöne Beispiel einer Killerphrase») oder kontern und übertrumpfen. Auf jeden Fall ist es nützlich, ein paar gute und souveräne Antworten im Repertoire zu haben, damit Sie schnell reagieren können. Falls böse Tricks zum Kommunikationsstil in Ihrer Abteilung oder Firma gehören, besorgen Sie sich Bücher – zum Beispiel «Clevere Antworten auf dumme Sprüche. Killerphrasen kunstvoll kontern» von Antonia Cicero und Julia Kuderna (Paderborn 2001) – oder besuchen Sie Fortbildungen in Kampfrhetorik. Sie ersparen sich viele Frustrationen und so manche emotionale Niederlage, wenn Sie Ihr Sprachrepertoire und Ihre Schlagfertigkeit aufbauen.

In schwierigen Konkurrenzsituationen kann es ungemein hilfreich sein, selbst ein paar Tricks in der Zauberkiste zu haben. Auf der einen Seite hilft es, die fiesen Taktiken anderer schneller zu durchschauen, auf der anderen Seite kann es von Vorteil sein, wenn Sie nicht immer nett und fair sind. Letztendlich entscheiden Sie, wann und wie Sie Tricks einsetzen wollen und wo Sie kooperative Strategien bevorzugen. Letztere sind nicht immer die beste Wahl. Achten Sie aber unbedingt darauf, dass Sie vor lauter Begeisterung über neu gelernte Tricks nicht Ihre eigenen Werte vergessen. Denn tagtäglich gegen Ihre Überzeugungen zu agieren, fördert das Ausbrennen genauso sehr wie täglicher Ärger. An dieser Stelle folgen ein paar böse Tricks zum Ausprobieren:

- Wechseln Sie ganz bewusst die Argumentationsebene. Argumentiert Ihr Gegenüber logisch, wechseln Sie auf die Gefühlsebene und umgekehrt.
- Wenn Sie Ihrem Gegenüber unehrenhafte Motive unterstellen, bringen Sie die Person in die Verteidigungsposition und in Erklärungsnotstand.
- Als Fortgeschrittene können Sie die Argumente um eine kleine Nuance verändern oder
- mit einer Argumentationskette den «Ja-Sage-Effekt» nutzen, um Ihr Gegenüber mit dem letztem Argument in die Falle zu locken.

Freizeit planen

Wenn Sie mit Ihrer Arbeit sowieso nie fertig werden, im Job oder in der Familie für Sie immer etwas zu tun ist, wird es notwendig, dass Sie auch Ihre Freizeit planen. Tragen Sie die Zeit dafür wie einen Termin in Ihren Kalender ein. Auf diese Weise können Sie Ihre Freizeit nicht vergessen und das Verschieben von Terminen ist auch ein klein wenig schwerer. Vielleicht kennzeichnen Sie die vorgesehene Freizeit auch in Ihrem offiziellen Terminplan als verplant, damit für alle sichtbar ist, dass Sie zu diesen Zeiten nicht zur Verfügung stehen.

Überlegen Sie, was Ihnen besser passt: ein fester Termin oder flexible Termine pro Woche? Wenn möglich, sollten ein bis zwei Abende für Aktivitäten, die Ihnen Freude machen, reserviert sein. Gehen Sie ins Fitnessstudio oder zu einem Entspannungskurs oder treffen Sie sich mit FreundInnen und gehen Sie ins Kino oder Theater. Gerade Frauen mit Kindern fällt es sehr schwer, zu Hause zu entspannen. Wenn es Ihnen auch so geht, besprechen Sie mit Ihrem Partner oder der ganzen Familie, welche Strukturen sinnvoll sind, damit auch Sie sich ausreichend entspannen und erholen können.

Aber meist sind es die eigenen inneren Antreiber, die immer wieder verhindern, dass Sie sich ausreichend Freizeit gönnen. Um dem zu begegnen, sollten Sie Freizeit nicht als Luxus betrachten, den Sie in stressigen Zeiten ruhig einschränken können. Vielmehr handelt es sich um etwas, das Sie benötigen, um Ihren Alltag aufrechtzuerhalten. Wenn Sie nicht genug Entspannung und Vergnügen erleben, verkümmert ein Teil Ihrer Person, und zwar leider genau derjenige, der Sie mit Energie und Motivation versorgt. Die Säuglingsforschung hat es auf traurige Weise deutlich gemacht: Die Versorgung des Körpers mit Essen und Trinken allein reicht nicht zum Überleben. Viele Babys sterben, wenn sie keine Zuwendung, Aufmerksamkeit und Zärtlichkeit bekommen. Auch wenn Sie als Erwachsener an diesem Mangel nicht sterben, brauchen Sie dennoch mehr als die Grundversorgung, um Ihr System am Laufen zu halten. Legen Sie nun das Buch kurz beiseite und überlegen Sie, welche Freizeitaktivität Sie schon lange mal ausprobieren wollten und wann Sie diese einplanen können. Tragen Sie einen Termin dafür in Ihren Kalender ein und versprechen Sie sich, ihn nicht zu verschieben.

Gefahr in Verzug bei Stufe drei und vier

Auf dieser Stufe machen sich bereits körperliche und psychische Beeinträchtigungen bemerkbar. Leistungsabfall und sozialer Rückzug, Gereiztheit und Ängstlichkeit sind die Folge. Burn-out führt dazu, dass sich die Wahrnehmung der eigenen Möglichkeiten beschränkt. Wenn Sie bei sich ein Burn-out-Syndrom feststellen, wundern Sie sich nicht über die vermeintliche Gewissheit, dass sich nichts ändern lässt. Das ist normal und Teil eines Burn-outs. Daher ist es notwendig, professionelle Unterstützung zu suchen, zum Beispiel bei einem Coach, als Supervision oder bei einer Psychotherapeutin. Entdecken Sie, dass es immer Möglichkeiten gibt, etwas zu verändern, und Sie nicht einfach nur durchhalten müssen.

Um einem Burn-out zu begegnen, sind nachhaltige Veränderungen notwendig. Zwar hilft ein Urlaub oder ein verlängertes Wochenende kurzfristig, aber Sie sind schnell wieder im alten Trott, vor allem wenn an Ihrem Arbeitsplatz alles beim Alten bleibt.

Übersicht: Die wichtigsten Schritte

Veränderungen müssen in allen drei Bereichen passieren: im Betrieb und/oder bei Ihren beruflichen Strategien, im familiären Umfeld und beim Umgang mit sich selbst.

Erster Schritt

Gestehen Sie sich ein, dass Sie ausgebrannt sind, und das Burnout in Ihrem Leben wächst und gedeiht. Nur, wenn Sie sich selbst gegenüber ehrlich sind, schaffen Sie den Ausstieg. Dieser erste Schritt ist schwer, da Sie Ihre Verleugnungsstrategie aufgeben müssen. Um dies zu unterstützen, notieren Sie alle Gefühle und körperlichen Beschwerden, die Sie während der letzten Wochen bemerkt beziehungsweise einfach zur Seite geschoben haben. Sie können dafür ein Blatt Papier, ein Tagebuch oder Karteikarten verwenden. Schreiben Sie außerdem auf, wie Sie sich anderen gegenüber verhalten haben oder wie Sie über andere denken. Sind Sie gereizt und ungeduldig? Erscheinen Ihnen viele Handlungen und Bemerkungen von anderen als persönliche Provokation? Dies sind zwei Beispiele dafür, was Ihnen auffallen könnte.

Zweiter Schritt

Gehen Sie nun zur Analyse Ihres Burn-outs über. Finden Sie zuerst heraus, warum Sie überfordert sind. Innerhalb welcher Strukturen arbeiten Sie? Welche Anforderungen haben Sie zu erfüllen? Ist das überhaupt möglich oder müssten Sie Superwoman sein, die keinen Schlaf braucht und unendliche Kräfte hat, um alles zu bewältigen? Nehmen Sie sechs Bögen Papier und notieren Sie je eine der folgenden Fragen auf jedes Blatt. Beantworten Sie sie schriftlich.

- Wie hoch ist Ihre tägliche Arbeitsbelastung?
- Wie viel Kontrolle haben Sie über Ihren Arbeitsablauf?
- Bekommen Sie ausreichend Anerkennung und genug positives Feedback?
- Wie sind die Beziehungen an Ihrem Arbeitsplatz?
- Fühlen Sie sich fair und respektvoll behandelt?
- Finden Sie Sinn in Ihrer Arbeit und deckt sie sich mit Ihren Werten?

Überprüfen Sie, wem Sie gefallen oder wen Sie beeindrucken wollen, und überlegen Sie, was Sie von sich erwarten. Welche inneren Glaubenssätze steuern Ihr Handeln? Welches Bild von sich wollen Sie unbedingt aufrechterhalten und was könnte passieren, wenn Sie es verändern?

Dritter Schritt

Setzen Sie sich mit Ihrer Familie, dem Partner und FreundInnen zusammen und sprechen Sie offen über Ihre Gefühle. Planen Sie gemeinsam eine neue Arbeitsverteilung in der Partnerschaft beziehungsweise der Familie. Wenn Sie zu wenig Möglichkeiten finden, etwas zu verändern, nehmen Sie unbedingt professionelle Hilfe in Anspruch.

Nehmen Sie sich noch einmal die sechs Zettel mit den Fragen und Ihren Antworten vor und legen Sie die Bereiche fest, die Sie gerne verändern wollen. Je konkreter um so besser. Dann wählen Sie einen belastenden Bereich aus. Überlegen Sie sich ein realistisches Ziel für eine Veränderung. Dann planen Sie in kleinen konkreten Schritten, wie Sie das Ziel erreichen können. Weiter legen Sie fest, wie und wann Sie überprüfen könnten, ob Sie Ihrem Ziel näher gekommen sind. Diese Schritte können Sie für mehrere Bereiche ausführen.

Besprechen Sie Ihre Vorschläge für Veränderungen mit Ihren Vorgesetzten, auch sie sollten Interesse daran haben, Sie als wertvolle Arbeitskraft zu behalten. Wenn Ihre Vorgesetzen darauf nicht eingehen, suchen Sie sich Verbündete, mit denen Sie gemeinsam strukturelle Veränderungen durchsetzen können. Überprüfen Sie außerdem sehr genau, ob Ihre Arbeitsweise Ihnen auch tatsächlich entspricht. Wenn nicht, versuchen Sie auch hier, Ihre Stärken besser einzusetzen oder Abläufe anders zu gestalten.

Vierter Schritt

Vor allem wenn Sie im täglichen Trott nur mehr funktionieren, will auch die Freizeit gut geplant sein. Denken Sie darüber nach, was Ihnen früher Spaß gemacht hat und welche Aktivitäten Sie wieder aufnehmen wollen. Wichtig ist, dass diese einen Ausgleich zur ständigen Überanstrengung schaffen und beim Stressabbau helfen. Wenn Sie in Ihrem Job immer auf den Beinen sind, ist ein Kurs zur Entspannung vielleicht besser geeignet als ein sehr anstrengender Sport. Sie sitzen den ganzen Tag am Schreibtisch oder in Meetings? Dann ist eine Mitgliedschaft im Schachclub zum Ausgleich wahrscheinlich weniger sinnvoll. Unternehmen Sie ruhig auch einmal etwas Ungewöhnliches oder Verrücktes. Und: Pflegen Sie Ihre sozialen Kontakte, lassen

Sie sich von anderen Menschen berühren. Sind Sie eher der Bewegungs- oder der Entspannungstyp?

Fünfter Schritt

Gestehen Sie sich zu, dass das Leben auch leicht und lustvoll sein darf. Lernen Sie, dass Sie als Person mehr sind als die Summe Ihrer Leistungen. Sie sind Partnerin, Freundin, Mutter, Sinnsuchende und noch vieles mehr, auch diese Anteile Ihrer Persönlichkeit möchten gelebt werden.

Delegieren

Der gut gemeinte Rat, der FreundInnen so leicht über die Lippen kommt, wenn Sie über Stress und Überforderung klagen, lautet: «Du musst mehr delegieren.» Ihre erste Reaktion fängt meist mit «Ja, aber …» an und geht so oder ähnlich weiter: «Delegieren ist gut, aber bis ich das meiner Kollegin erklärt habe …», «Die anderen sind auch überlastet» oder «Ich erledige diese Sache am besten und am schnellsten». Die Argumente sind vielfältig, doch wenn Sie keine Aufgaben abgeben, wird Sie das krank machen.

Der Begriff «Delegieren» bedeutet in erster Linie, dass Aufgaben oder Tätigkeiten aus dem Funktionsbereich einer Führungskraft an eine oder einen MitarbeiterIn weitergegeben werden. Diese oder dieser bekommt gleichzeitig die dafür notwendigen Kompetenzen, die Informationen und die Verantwortung im fachlichen Bereich (Handlungsverantwortung) übertragen. Das Wort «Delegieren» wird ebenso verwendet, wenn es darum geht, Arbeiten an KollegInnen abzugeben, und wird inzwischen häufig auch im privaten Bereich benutzt, wenn es um die Arbeitsverteilung geht.

Wenn Sie als Führungskraft delegieren, achten Sie darauf, dass Sie die richtige Mitarbeiterin oder den richtigen Mitarbeiter auswählen. Sie oder er sollte die Aufgabe mit ihren oder seinen Fähigkeiten erfüllen und eigenständig arbeiten können, damit Sie tatsächlich von ihr befreit sind. Es sind vor allem Routinearbeiten, Spezialistentätigkeiten, das Klären von Detailfragen und vorbereitende Arbeiten, die sich gut an andere weitergeben lassen.

Geht es darum, Arbeiten KollegInnen zu übertragen, gilt Folgendes: Delegieren Sie dringende Aufgaben, damit sie schnell erledigt werden. Wichtige Arbeiten sollten Sie dann weiterreichen, wenn jemand darin einfach besser ist. Allgemein ist es sinnvoll, solche Arbeiten zu delegieren, die nicht der eigenen Qualifikation entsprechen oder die nicht zum eigenen Aufgabenbereich gehören. Tätigkeiten, bei denen Spezialwissen nötig ist, sollten Sie auch weiterreichen. Es nimmt nichts von Ihrer Kompetenz weg, wenn Sie sich eingestehen, dass es Menschen gibt, die etwas besser können als Sie.

Für zu Hause gilt ebenfalls, dass Sie solche Tätigkeiten abgeben, die Sie nicht selber machen müssen, selbst wenn Sie das am besten können. Hier ist die Versuchung groß, alles beim Alten zu lassen, weil Sie dann endlose Diskussionen, warum etwas noch immer nicht getan ist, vermeiden. Nehmen Sie dies in Kauf, nach einer gewissen Übergangszeit wird sich jeder an die neue Aufgabenverteilung gewöhnt haben.

Damit Delegieren auf Dauer funktioniert, müssen Sie den anderen die Arbeit auf seine eigene Art und Weise machen lassen. Sie bügeln möglicherweise am ordentlichsten, aber eine Falte im T-Shirt ist sicher leichter zu verkraften, als selbst nach einem langen und sehr anstrengenden Arbeitstag stundenlang am Bügelbrett zu stehen.

Bedenken Sie, dass Delegieren nicht nur Sie entlastet und damit das Burn-out-Risiko verringert, sondern dass daraus – wenn Aufgaben sinnvoll weitergegeben werden – neue Herausforderungen für Ihre MitarbeiterInnen, KollegInnen oder Familienangehörigen entstehen. Richtiges und gutes Delegieren übergibt auch Verantwortung und führt zu Erfolgserlebnissen und Anerkennung.

Umgang mit Konflikten

Ein echter Energiefresser sind innerbetriebliche Spannungen und Konflikte, zum Beispiel mit den Vorgesetzten, KollegInnen oder KundInnen. Auseinandersetzungen können aufreibend sein und damit das Burn-out fördern. Aber sie weisen auch auf notwendige Veränderungen hin, denn sie zeigen, was nicht funktioniert. Wenn Konflikte nicht konstruktiv gelöst werden, können sie über Jahre hinweg bestehen bleiben und eine starke Belastung darstellen.

Bereits als Kinder lernen viele Frauen, dass Streit etwas Hässliches und daher zu vermeiden ist. Sie hören Sätze wie «Die Klügere gibt nach» oder «Sei nicht so dickköpfig». Wenn Konflikte so als Zeichen von Schwäche oder Streitsucht gewertet werden, ist es logisch, dass sie umgangen und unterdrückt werden. Aber Auseinandersetzungen gehören zum Leben, jede Veränderung erfordert Konflikte. Werden die betreffenden Themen kollektiv tabuisiert, bleibt ein Unternehmen oder eine Organisation im immer Gleichen stecken. Wenn der Status quo mühselig aufrechterhalten wird, kostet das unnötig viel Energie.

Hierzu ein Beispiel: Ein Kollege treibt Sie zum Wahnsinn und Sie ärgern sich täglich über ihn. In einem solchen Fall können Sie das weiterhin tun oder sich überlegen, was Sie eigentlich so sehr aufregt. Wenn Sie das verstanden haben, ist es viel einfacher, eine Lösung des Konflikts auszuhandeln.

Aber wie spricht man es an, wenn der Kollege schon wieder den Kooperationspartner nicht gleich angerufen oder Papiere falsch abgelegt hat. Meist hört sich das so an: «Sie haben den Herrn X schon wieder nicht rechtzeitig angerufen» oder «Wie ist das möglich, dass Sie die Unterlagen immer falsch einordnen.» Wörter wie «immer» oder «dauernd» fordern jedoch einen Widerspruch geradezu heraus: «Ich ordne sie nicht *immer* falsch ein.» Sie können dann viel Energie aufwenden, um sich darüber zu streiten, wie oft der Kollege diesen Fehler macht, doch ist dies nicht sehr zielführend. Formulieren Sie stattdessen lieber klare Vorgaben: «Ich will, dass Sie den Herrn X immer gleich nach der Besprechung anrufen. Gibt es ein Argument, das dagegen spricht?» So können Sie beide auf der sachlichen Ebene bleiben und leichter gemeinsam eine Lösung erarbeiten.

Neben diesem sehr lösungsorientierten Ansatz gibt es weitere, nicht immer konstruktive Möglichkeiten, mit Streit umzugehen. Wie reagieren Sie auf Konflikte? Ignorieren Sie sie in der Hoffnung, dass sie sich von alleine lösen, oder gehören Sie zu denjenigen, die ganz rational eine Analyse des Konflikts liefern und ihre Gefühle dazu lieber verschweigen? Und welche Gruppennorm besteht an Ihrem Arbeitsplatz? Mutiert Ihr Team im Konflikt mit einer anderen Abteilung zu einem Haufen von Fünfjährigen, die lauthals mit dem Fuß aufstampfen und vom Vorgesetzten (den Eltern) verlangen, dass sie oder er ihnen Recht gibt und die anderen ausschimpft?

Arbeiten mehrere Menschen zusammen, ist es völlig normal, dass Konflikte entstehen. Das ist grundsätzlich auch positiv, weil sich Personen und Teams nur dadurch weiterentwickeln. Zur Belastung werden Auseinandersetzungen aber dann, wenn es nur darum geht, was richtig und was falsch ist, wer Schuld hat und wer sich gegen den anderen durchsetzt. Denn dann geht es nicht mehr um die Sache, sondern um Emotionen und verletzten Stolz oder das Rechthaben. Alarmstufe Rot ist gegeben, wenn sich zwei Fraktionen bilden, die sich gegenseitig mit Vorwürfen und Beschuldigungen überhäufen. Hier müssen Sie sich entscheiden, auf welcher Seite des Grabens Sie stehen. Wenn Sie eine Position in der Mitte oder außerhalb wählen, wird das von allen Beteiligten eher mit Misstrauen betrachtet und Ihnen wird schnell mangelnde Solidarität unterstellt.

Hat sich ein Konflikt bereits derart verhärtet, ist Hilfe von außen unbedingt anzuraten. Bitten Sie Ihre Vorgesetzten darum, dass eine oder ein ModeratorIn engagiert wird. Sie oder er gibt eine klare Struktur zur Bearbeitung des Konflikts vor, damit trotz der vielen Emotionen eine lösungsorientierte Haltung möglich wird. Als Vorgesetzte haben Sie die Wahl: Bei kleinen Streitigkeiten oder bei Konflikten im Frühstadium können und müssen Sie viel zur Lösung beitragen, aber Sie können sich auch von einer Fachkraft dabei unterstützen lassen. Ist der Konflikt bereits fortgeschritten, empfiehlt sich dieser Schritt auf jeden Fall.

An dieser Stelle möchte ich Ihnen einige grundlegende Regeln für die Konfliktlösung anbieten, die sowohl im beruflichen wie im privaten Bereich hilfreich sind. Beachten Sie sie, wenn es darum geht, die strittigen Punkte überhaupt erst einmal zu erkennen.

- Achten Sie darauf, dass die streitenden Parteien als gleichberechtigt betrachtet werden.
- Klären Sie genau ab, um welches Thema es geht.
- Sprechen Sie Probleme klar und direkt an, reden Sie nicht um den heißen Brei herum.
- Bleiben Sie auf der Sachebene. Beschreiben Sie Zustände und Verhalten, tragen Sie auch Tatsachen und Meinungen vor. Nicht erlaubt sind Beschuldigungen und Vorwürfe.
- Hören Sie genau zu und versuchen Sie, die Gegenseite zu verstehen. Unterbrechen Sie nicht und lassen Sie keinerlei Rechtfertigungen zu.
- Sprechen Sie die anwesenden Personen immer direkt an. Beschreiben Sie deren Verhalten und die Auswirkungen, interpretieren Sie aber nicht die Motive des anderen.

Die Grundhaltung während eines solchen Gesprächs sollte immer die gemeinsame Suche nach Lösungen sein, damit ein Kompromiss gefunden wird, den alle Beteiligten mittragen können. Das gilt im beruflichen wie im privaten Bereich. Am allerbesten ist es jedoch, es gar nicht erst so weit kommen zu lassen. Seien Sie aufmerksam, damit Sie wahrnehmen können, wenn ernsthafte Auseinandersetzungen entstehen. Sprechen Sie Konflikte so bald wie möglich offen und unbefangen gegenüber den Beteiligten an.

Harmonie ist etwa Wunderbares, aber wenn mehrere Menschen zusammenarbeiten, ist sie nicht dauerhaft zu erhalten. Sinnvoll ist daher eine konstruktive Streitkultur, in der Konflikte nicht verdrängt, sondern zum Anlass für neue Lösungen genommen werden. Damit vermeiden Sie viel Ärger und Sorgen und senken so Ihren Energieaufwand. Dies soll nicht nur Ihre persönliche Haltung sein, sondern Teil der Firmenkultur, um gemeinsam für alle Beteiligten Burn-out-Prävention zu leisten.

Neinsagen lernen

Ja statt Nein zu sagen, fällt um vieles leichter, macht beliebt und anderen eine Freude. Aber zu allem Ja zu sagen, brennt Sie langfristig aus, weil Sie vor lauter Arbeit untergehen. Daher ist es überlebensnotwendig, mit dem Wort «Nein» einen lockeren und bewussten, einen freundlichen, aber bestimmten Umgang zu pflegen. Sehen Sie die folgenden Anregungen als ein Lernprojekt an und fühlen sich nicht als eine Versagerin, wenn Ihnen das Nein-sagen-Lernen schwerfällt.

Erster Schritt

Denken Sie darüber nach, ob es in allen Lebensbereichen gleich schwer ist, Nein zu sagen, oder ob es bestimmte Personen oder

Situationen gibt, bei oder in denen das Wort «Nein» nicht über Ihre Lippen will.

Zweiter Schritt

Welche Folgen befürchten Sie, wenn Sie Nein sagen? Überlegen Sie sich mögliche Konsequenzen und schreiben Sie Ihre Gedanken auf ein Blatt Papier. Vergessen Sie auf keinen Fall die Ideen, die unlogisch erscheinen. Sich mit diesen zu beschäftigen, ist wichtig, da gerade hier logische Gegenargumente oft nicht weiterhelfen. Ängste bilden sich meist infolge von Erfahrungen in der Kindheit heraus und sind daher nicht blöd, sondern nur veraltet. Sie müssen durch neue positive Erfahrungen relativiert werden. Daher ist es unumgänglich, alte Ängste in Ihren Lernprozess rund um das Nein einzubeziehen. Vielleicht steht auf Ihrer Liste, dass Sie nach einem Nein keiner mehr mag oder die anderen von Ihnen enttäuscht sind und sich abwenden. Oder dass Sie nicht Nein sagen können, weil die anderen es ohne Sie nicht schaffen würden. Häufig wird die Befürchtung geäußert, dass die anderen denken könnten, man selbst sei egoistisch und ein schlechter herzloser Mensch – und wer will das schon sein? Sie werden sehen, es gibt immer gewichtige innere (und vielleicht auch äußere) Gründe, warum einem Menschen das Nein sagen so schwerfällt.

Dritter Schritt

Beginnen Sie nun mit der Umsetzung. Wählen Sie dafür erst einmal ein leichtes Übungsfeld oder Thema. Probieren Sie aus, was passiert, wenn Sie freundlich, aber bestimmt «Nein, mach ich nicht» sagen. Wichtig ist, dass Sie auf jeden Fall dabei bleiben, egal ob die andere Person jammert oder ärgerlich wird. Die Menschen in Ihrer Umgebung werden auf jede neue Verhaltensweise erst einmal ungehalten reagieren, da sie etwas Gewohntes und Praktisches aufgeben müssen. Wenn Sie dranbleiben und den ersten rauen Gegenwind aushalten, gewöhnen die anderen sich aber recht schnell um. Es wird selbstverständlich, dass Sie nicht immer zur Verfügung stehen, und die KollegInnen oder die Familienmitglieder stellen sich darauf ein.

Sie werden sehen, bei jedem Versuch, bei jedem Nein wird es leichter. Vermeiden Sie dabei unbedingt Rechtfertigungen. Wenn andere Personen nach den Gründen für Ihr Nein fragen, geben Sie eine kurze Antwort, die aus einem Satz besteht, zum Beispiel: «Ich habe jetzt keine Zeit», «Ich möchte es einfach nicht tun», «Das ist nicht meine Aufgabe», «Ich bin zu müde» usw. Sobald Sie mehr dazu sagen, laden Sie die andere Person nur ein, über Ihre Entscheidung zu diskutieren. Oder Sie vermitteln Unsicherheit und Schuldgefühle, was die andere Person dazu veranlassen könnte, Ihr Nein nicht ernstzunehmen.

Das Wichtige bei dieser Vorgehensweise ist, dass Sie sich Ihre Gestaltungsfreiheit zurückerobern. Sie entscheiden, ob Sie Ja oder Nein sagen, und jedes einzelne Mal, wenn Sie dies tun, wirken Sie dem Burn-out entgegen.

Wenn Sie sich dem schwierigen Nein nach und nach annähern, geben Sie sich die Chance, neue Erfahrungen zu machen. Ist Ihnen ein eindeutiges Nein zu stark, können Sie auch erst einmal Alternativen anbieten: «Nein, wir können die Frage jetzt nicht klären. Aber ich kann mir um 15.30 Uhr Zeit dafür nehmen» (mehr dazu und wie Sie Unterbrechungen Ihres Arbeitsablaufs vermeiden auf Seite 119f.). Mit der Zeit werden Sie Ihre Ängste und Befürchtungen abbauen können, denn nichts ist überzeugender als das, was Sie selbst erleben. Wenn Sie öfter Nein sagen, stärken Sie Ihr Selbstbewusstsein, Ihnen wird mehr Respekt entgegengebracht und vor allem beugen Sie wirkungsvoll dem Ausbrennen vor.

Die geheime Macht innerer Glaubenssätze

Haben Sie in letzter Zeit zu oft Aufgaben von anderen übernommen, obwohl Ihnen die Arbeit bereits bis zum Hals stand? Oder saßen Sie immer noch vor dem Computer, während Ihre KollegInnen bereits zu Hause waren? Und kennen Sie auch die Situation, dass Sie, wenn Sie nach einem langen Arbeitstag endlich auf dem Sofa sitzen, dort nicht lange bleiben können, weil Ihre Familie noch so vieles braucht? Ist dies verbunden mit dem Gefühl, dass alles an Ihnen hängt?

Die guten Ratschläge des Partners, von FreundInnen und KollegInnen, mehr auf sich selbst zu schauen und egoistischer zu sein, klingen zwar sehr richtig, aber Sie schaffen es einfach nicht, sie umzusetzen – und fühlen sich deswegen noch schlechter als zuvor. Woran liegt es, dass Vernunft und gute Vorsätze sich nicht durchsetzen? Möglicherweise finden Sie einige ganz logische Gründe, doch es wirkt noch etwas anderes mit. Gut verborgen und nicht immer nachvollziehbar beeinflussen uns Glaubenssätze bei unserem Handeln. Sie bekommen noch mehr Macht, wenn sie sich mit den Glaubenssätzen des Umfelds (Familie, Firma, Büro …) decken oder ergänzen. Hier einige Beispiele für innere Glaubenssätze, die sehr häufig vorkommen und stark wirken:

- Ich muss beweisen, dass ich etwas wert bin.
- Es ist meine Aufgabe, für die Kinder, SchülerInnen sowie KlientInnen immer da zu sein. Sie brauchen mich und ich darf sie nicht enttäuschen.
- Ich bin nicht gut genug, darum muss ich mich ganz besonders anstrengen.
- Mir wird nichts geschenkt.
- Ich muss sehr viel leisten, damit die anderen mich mögen und schätzen.
- Wenn ich auf mich selbst Rücksicht nehme, glauben die anderen, sie sind mir egal oder die Arbeit ist mir egal.

- Ohne mich geht nichts. Alles lastet auf meinen Schultern.
- Ich kann mich nur auf mich selbst verlassen.
- Ich will niemandem zur Last fallen.
- Die anderen wollen mich fertigmachen, darum darf ich mir keine Fehler leisten.
- Starke Menschen brauchen keine Hilfe.
- Ich muss besser sein als die anderen.
- Ich habe immer Pech.
- Ich werde es nie schaffen, mich zu verändern.
- Ich muss immer Recht haben, niemand darf mich infrage stellen.

Diese oder ähnliche Sätze in Ihrem Inneren sind mächtige Antriebsfaktoren und können Ihnen die notwendige Entspannung verleiden. Doch wie lassen sich die eigenen Glaubenssätze erkennen? Achten Sie einmal auf Ihre innere Kommunikation. Wie sprechen Sie in Gedanken mit sich selbst? Versuchen Sie ganz bewusst, diese anfangs noch undeutlichen inneren Gedanken in Sätze zu fassen. Kümmern Sie sich dabei nicht um Logik oder Sinn. Nehmen Sie einfach nur wahr, welche Sätze in Ihnen sind und wie und wann sie wirken. Sie erkennen diese Sätze gut an den Wörtern «sollte» und «muss».

Derartige Glaubenssätze sind immer Lehren aus Erfahrungen in der Kindheit. Das heißt, dass diese Sätze irgendwann einmal sehr sinnvoll und an eine ganz bestimmte Erwartung geknüpft waren. Ihre Eltern sind zum Beispiel immer davon ausgegangen, dass Sie sehr gescheit und gut in der Schule sind. Sie reagierten mit großer Enttäuschung, wenn es mal bei einer Schularbeit nicht so lief. Daraus kann der Satz entstehen: «Ich darf keine Fehler machen (muss immer gut sein), damit ich geliebt werde.» Ein Kind ist noch nicht in der Lage, die Bewertung seiner Leistungen von der Zuneigung zu trennen. Diese im kindlichen Verständnis richtigen Sätze entpuppen sich im Erwachsenenalter als sehr hinderlich. Denn nun müssen Sie ganz andere Aufgaben bewältigen und verfügen obendrein über wesentlich mehr Strategien als früher. Das Vorhaben, keine Fehler mehr zu machen, würde schier übermenschliche Qualitäten in einer idealen Umgebung erfordern.

Wie lassen sich solche inneren Glaubenssätze denn entkräften? Der erste Schritt ist schon getan, wenn Sie Ihre Glaubenssätze kennen und bemerken, wann und wo sie wirken. Im zweiten Schritt überlegen Sie, welche Ängste und Befürchtungen damit verknüpft und ob diese realistisch sind. Wenn das der Fall ist, dann finden Sie heraus, wann sie zum Tragen kommen. Lassen Sie mehr Milde sich selbst gegenüber walten, wenn Sie spüren, dass die Sätze auftauchen, um ihre Macht zu entfalten. Reden Sie mit sich wie mit einem Kind und entwickeln Sie Gegengedanken, um die Sätze zu entkräften. Behalten Sie diese immer im Hinterkopf, damit Sie sie sich selbst gegenüber anführen können, um allen Druck hieraus zu vermeiden. Das dient ebenfalls der Burn-out-Prävention.

Wie erwähnt, gibt es auch Glaubenssätze in Firmen, Organisationen oder in Familien. Auch hierzu führe ich einige Beispiele auf, die häufig vorkommen:

- Wer Schwäche zeigt, ist zu schwach für den Job.
- Wir erledigen eine so wichtige Aufgabe, da darf niemand die eigenen Bedürfnisse in den Vordergrund stellen.
- Wer Nein sagt, ist faul und desinteressiert.
- Wer Nein sagt, ist unkollegial.
- Wer Nein sagt, lässt die anderen im Stich.
- Wer früher geht, ist nicht wichtig.
- Wenn ich es mir gutgehen lasse, verhalte ich mich moralisch verwerflich.

Veränderungen in einer Gruppe, zum Beispiel im Unternehmen oder in einem Projektteam, lassen sich erarbeiten, wenn ein gutes Klima herrscht und die Glaubenssätze gemeinsam erkannt werden, zum Beispiel in einer Supervision. Ist dies nicht möglich, brauchen Sie eine eigene Strategie, wie Sie mit den unausgesprochenen Erwartungen umgehen. Lassen Sie dabei Ihrer Kreativität viel Raum. Finden Sie zum Beispiel humorvolle, nicht abwertende Bezeichnungen für die gültigen Glaubenssätze und die betrieblichen Normen, zum Beispiel «Meine strenge Gouvernante meldet sich gerade wieder».

Innere und firmeninterne Glaubenssätze sind nicht leicht zu verändern. Doch sobald Sie sie erkannt haben, können Sie sich selbst viel Druck nehmen. Wenn Sie verstanden haben, welche inneren Konflikte die Sätze auslösen, ist es Ihnen möglich, die für Sie besseren Entscheidungen zu treffen und die alten Muster hinter sich zu lassen. Mit mehr Gelassenheit und Selbstbestimmtheit bremsen Sie die Entwicklung des Burn-outs.

Welche Werte sind gefragt?

Immer wieder erlebe ich, dass die inneren Werte von Frauen sich in ihrem betrieblichen Alltag eher gegen sie richten, als dass sie eine gute Richtschnur für das eigene Handeln darstellen. Sie haben vor allem mit Unterstützung, Verlässlichkeit und Fairness zu tun. Frauen wollen gute, inhaltlich sinnvolle Arbeit abliefern. Der eigene Erfolg soll das Resultat guter Leistung sein und dafür erwarten sie Anerkennung. Überlegen Sie, welche Werte Ihr Handeln im Job und im Leben leiten. Am besten schreiben Sie Ihre Gedanken auf ein Blatt Papier oder in ein Heft. Erstellen Sie auch eine Liste dazu, welche Werte Ihre Firma oder Organisation offiziell vertritt und welche Corporate Identity sie nach innen und außen angenommen hat.

Der nächste Schritt bringt oft die Ernüchterung: Denken Sie darüber nach, welche Werte in Ihrem beruflichen Alltag gelebt werden. Welche setzen sich wirklich durch, mit welchen ist wer erfolgreich? Was zählt in der täglichen Arbeit? Stimmt dies mit Ihrer Liste überein oder ergeben sich hier große Differenzen? Je größer der Unterschied ist, den Sie hier feststellen, umso leichter brennen Sie aus, während Sie versuchen, Ihren Werten treu und dennoch erfolgreich zu sein. Das bedeutet aber nicht, dass Sie zwangsläufig all Ihre Werte aufgeben müssen oder keine Chance auf Erfolg an Ihrem aktuellen Arbeitsplatz haben. Hier ist ein Kompromiss erforderlich. Sie benötigen zusätzliche Strategien im Handeln und es kann sein, dass diese nicht immer mit Ihren Werten übereinstimmen. Auf der anderen Seite nimmt das Wissen um die Unterschiede bereits viel Druck, da Sie Ihre Kräfte bei den Aufgaben bündeln können, bei denen es für Sie sinnvoll ist.

Es kostet viel Kraft, immer fair zu sein, wenn Sie sich damit selbst schaden. Indem Sie Ihre Erwartungen bewusst an die realen Bedingungen anpassen, sparen Sie viel Energie. Sie müssen selbst nicht unfair handeln, aber gleichzeitig Ihre Interessen deutlicher sichtbar machen. Dieser Konflikt der Werte ist jedoch nicht immer lösbar. Wenn Sie qualitativ hochwertige Beratungsarbeit leisten wollen, aber der vorgegebene Klientenschnitt nur schnelle Abfertigung zulässt, können Sie den Unterschied entweder durch Überstunden ausgleichen und das Risiko eingehen, dass Sie ausbrennen, oder Sie müssen den Arbeitsplatz wechseln. Langfristig müssen Ihre Werte zu Ihrer Stelle passen – wenn auch nicht in allen Bereichen, so doch wenigsten in Grundzügen –, sonst ist die Gefahr des Ausbrennens sehr hoch.

Die inneren Tyrannen

Sie nehmen sich vor, alles in Ruhe zu erledigen und Zeit zum Ausspannen einzuplanen, aber es geht einfach nicht – eine innere Unruhe treibt Sie an und versetzt Sie in Hektik. Und schon ist es vorbei mit der Entspannung. Sie erhöhen das Tempo und packen viel zu viel in Ihren Tagesplan. Sobald Sie sich nur einmal kurz hinsetzen, haben Sie schon ein schlechtes Gewissen. Für solche Fälle sind die inneren Tyrannen verantwortlich, sie haben keinen Sinn dafür, wann es genug ist. Zwar versprechen sie Ihnen Erfolg und Bestätigung, aber dieses Ziel erreichen Sie nie. Niemals genügt den inneren Tyrannen, was Sie geschafft haben, es ist immer zu wenig.

Diese inneren Stimmen haben sich aus Ängsten heraus entwickelt, die wir schon sehr lange mit uns herumtragen. Die Werte, Erfahrungen und Befürchtungen eines Menschen verdichten sich zu simplen Sätzen, deren eigentliches Ziel es ist, ihn vor etwas Schlimmem zu bewahren. Tyrannen sind in der Kindheit gelernte, tief verinnerlichte Anleitungen und Befehle, die vor allem dann wirken, wenn wir im Stress sind oder uns unsicher fühlen. Um sie loszuwerden, ist es unvermeidbar, sich mit den inneren Tyrannen auseinanderzusetzen. Folgende Typen kommen in unterschiedlich starker Ausprägung vor:

- Mach alles perfekt: «Ich müsste eigentlich alles noch besser machen, ich bin nicht gut genug.»
- Du bist zu langsam: «Ich müsste eigentlich viel fixer sein, ich werde nie fertig werden und wenn, dann ist es peinlich, wie lange ich dafür gebraucht habe.»
- Du musst dich nur mehr anstrengen: «Wenn ich mich nur genügend anstrenge, kann ich es schaffen.»
- Du musst es allen recht machen: «Ich muss alle zufriedenstellen, sonst bin ich wertlos.»
- Du hast stark zu sein: «Niemand darf merken, dass ich schwach, empfindlich und ratlos bin.»
- Du bist so faul: «Ich werde es nie zu etwas bringen, wenn ich so faul bin.»
- Gib dein Möglichstes: Überlegen Sie einmal, wie Sie das Wort «möglichst» verwenden, möglichst effizient, möglichst schnell, möglichst richtig, möglichst sauber usw.

Das Schwierige beim Umgang mit den inneren Tyrannen ist die scheinbare Folgerichtigkeit. Eine Freundin oder ein Coach kann helfen, die vordergründige Logik zu hinterfragen, bis Ihnen klar wird, welche Angst dahintersteckt. Wenn Sie dies verstanden haben, verliert der Tyrann viel Macht. Um ihn erst einmal kennenzulernen, hören Sie auf Ihre innere Kommunikation. Gibt es Sätze, die Sie daran hindern, sich gemütlich auszuruhen oder Arbeit auch einmal nicht zu erledigen?

Wenn Ihnen diese bewusst geworden sind, legen Sie fest, bei welcher Gelegenheit Sie eingreifen wollen, zum Beispiel dann, wenn Sie vom Sofa aufspringen, weil jemand etwas von Ihnen braucht. Formulieren Sie für diese Situation eine Gegenbotschaft zu der Ihres Tyrannen, zum Beispiel: «Ich bin etwas wert, auch wenn ich meine Bedürfnisse in den Vordergrund stelle.» Überlegen Sie sich für typische Situationen neue Reaktionen und experimentieren Sie mit diesen Verhaltensweisen. Registrieren Sie das Feedback der Menschen in Ihrer Umgebung ganz bewusst.

Die innere Kritikerin

«Du wirst das nie schaffen», «Streng dich an», «Wieso hast du nur so etwas Blödes gesagt, du hättest doch ...», «Probier es erst gar nicht, du kannst das eh nicht», das sind typische Sätze, mit denen uns die innere Kritikerin das Leben schwermacht. Sie ist wie eine Kommentatorin, die vor allem bei schwierigen oder neuen Aufgaben nicht sehr hilfreiche Bemerkungen absondert. Es fühlt sich fast so an, als wenn eine sehr strenge Person in uns sitzt, die uns nichts zutraut oder zusätzlich fertigmacht, wenn wir einen Fehler gemacht haben. Dieses Wesen kann männlich oder weiblich sein, in den meisten Fällen stimmt das Geschlecht aber mit der Person selbst überein.

Vielleicht klingt es ein wenig seltsam – aber versuchen Sie, diese Stimme zu entdecken und einmal so zu behandeln, als wäre sie ganz eigenständig. Da sind Sie, die unter den negativen Bemerkungen leidet, und da steht die Kritikerin, die Ihnen das Leben schwermacht. Wenn Ihnen diese Trennung völlig widerstrebt, dann sehen Sie die Kritikerin einfach als einen Aspekt Ihrer Person an. Meine Vorschläge zum Umgang mit ihr passen Sie dann bitte so an, dass Sie damit zurechtkommen. Nehmen Sie sich Zeit, Ihre Kritikerin kennenzulernen. Möglicherweise haben Sie gar keine Lust dazu, aber leider verschwinden unangenehme Dinge nicht, wenn wir sie nur lange genug ignorieren.

Vielleicht kann die innere Kritikerin Ihnen sogar nützlich sein. Betrachten Sie die Situation einmal wie die in einem Arbeitsteam. Oftmals gibt es eine Person, die ständig nörgelt oder immer das Schlimmste befürchtet. Je mehr Sie diese Person ignorieren, umso lauter und beharrlicher wird sie die Arbeit in der Gruppe stören. Als Chefin könnten Sie die Nörglerin rauswerfen, aber das geht mit Ihrer inneren Kritikerin nicht. Wie also könnten Sie diese ewige Miesmacherin konstruktiv in Ihr Team einbinden?

Erster Schritt

Lernen Sie Ihre innere Kritikerin zunächst einmal kennen. Setzen Sie sich dazu an einen ruhigen Ort, wo Sie ungestört sind. Legen Sie ein Blatt Papier, ein kleines Büchlein oder Ihr Tagebuch bereit. Sie können die Augen schließen oder einen bestimmten Punkt vor sich fixieren. Vielleicht ist die kritische Stimme gleich bei Ihnen. Falls nicht, erinnern Sie sich an eine Situation, als sie da war. Denken Sie zurück: Welche Gefühle hatten Sie damals? Wahrscheinlich taucht jetzt auch gleich die Kritikerin auf, um ihre Ansichten über das Ereignis und über Sie zu äußern.

Nehmen Sie ihr gegenüber eine neugierige Haltung ein, erforschen Sie sie jetzt. Hören Sie auf die typischen Sätze Ihrer

Kritikerin und schreiben Sie diese auf. Finden Sie heraus, woher die Stimme kommt, von hinten über Ihre Schulter oder aus Ihrem Kopf? Stellen Sie sich dann vor, wie die Kritikerin aussehen könnte. Vielleicht wirkt sie wie ein böser Gnom, wie eine strenge Gouvernante oder es handelt sich um eine körperlose Stimme. Schreiben (und zeichnen) Sie alles auf, was Ihnen zur Kritikerin einfällt. Notieren Sie wie und was sie redet, wie sie aussieht, sich kleidet usw.

Zweiter Schritt

Versuchen Sie als Nächstes, die Kritikern geschichtlich einzuordnen: Vielleicht ist Ihnen bereits etwas bekannt vorgekommen, als sie die typischen Bemerkungen aufgeschrieben haben. Die innere Kritikerin erfindet keine Sätze, sondern benutzt welche aus Ihren Erfahrungen. Das können Sätze sein, die Ihre Eltern zu Ihnen gesagt haben oder mit denen eine Lehrerin Ihnen das Leben schwergemacht hat. Es macht nichts, wenn Ihnen nichts dazu einfällt. Diese Einschätzung ist nur eine zusätzlich Hilfe, um zu verstehen, woher die Sätze kommen. Das zu wissen, ist für die weitere Zusammenarbeit mit der Kritikerin nicht notwendig.

Dritter Schritt

Treten Sie nun mit der inneren Kritikerin in Kontakt und führen Sie einen inneren Dialog: Sagen Sie ihr, was Sie von ihr halten, und fragen Sie sie, was sie eigentlich von Ihnen hält. Hören Sie gut zu, was sie über Sie denkt, ohne ihr gleich zu widersprechen. Wie bei jedem Konflikt muss jede Partei zuerst die eigene Meinung sagen, ohne dass die andere ihr gleich ins Wort fällt. Notieren Sie die Eckpunkte ihrer Sichtweise über Ihre Person. Vielleicht hält sie Sie für zu schwach oder glaubt, dass Sie zu faul sind, wenn sie nicht dauernd Druck macht. Oder sie meint, sie muss ständig aufpassen, damit Sie keinen Fehler machen, weil sie Ihnen wenig zutraut. Was von ihr kommt, wird nicht sehr erfreulich sein, vielleicht ist sie überheblich und wertend, vielleicht verachtet sie Sie oder betrachtet Sie als Versagerin.

Vierter Schritt

Nun geht es darum, die Funktion oder Angst hinter der Kritikerin zu erkennen: Fragen Sie sie, was das Schlimmste wäre, was passieren könnte. Vielleicht glaubt sie, dass Sie völlig versagen, wenn sie nicht aufpasst, oder dass Sie in eine Situation kommen, in der Sie sich blamieren oder bloßstellen. Möglicherweise erkennen Sie, dass sie Sie vor einer furchtbaren Situation beschützen will, egal wie unwahrscheinlich sie ist. Eine sehr abwertende Kritikerin könnte zum Beispiel die Funktion haben, Sie zu bremsen, damit Sie nicht zu überheblich oder selbstsicher werden. Denn dann könnten Sie unvorsichtig werden und furchtbare Fehler machen. Sehr verbreitet ist zum Beispiel die folgende Kombination aus Kritikerin und Glaubenssatz: «Freu dich nicht zu früh, auch wenn die Situation jetzt gut aussieht, das dicke Ende kommt bestimmt» und «Du wirst sowieso immer enttäuscht».

Fünfter Schritt

Sobald Sie wissen, wo die Knackpunkte liegen, können Sie eventuell eine Kooperation vereinbaren: Haben Sie zum Beispiel erkannt, dass Ihre innere Kritikerin aus Sorge oder Angst so streng mit Ihnen ist, hat das bereits Ihre Einstellung zu ihr verändert. Überlegen Sie, was Sie ihr anbieten könnten, damit sie sich nicht so ängstigen muss. Diese Kritikerin begleitet Sie schon sehr lang, das heißt, sie orientiert sich immer noch an den Kompetenzen, die Sie als Kind hatten. Sie kann gar nicht einschätzen, welche Strategien und Handlungsmöglichkeiten Sie als Erwachsene haben. Sie könnten zum Beispiel erklären, dass Sie sich auf eine Präsentation gut und gewissenhaft vorbereiten werden, und die Kritikerin bitten, darauf zu vertrauen, dass Sie bei Kritik von außen nicht im Boden versinken werden, sondern gut damit umgehen können.

Sie haben es mit einer eher abwertenden Kritikerin zu tun? Dann nehmen Sie sie nicht ganz so ernst, sondern betrachten Sie sie als eine Art Beraterin mit schlechtem Stil. Denken Sie nur daran, wie es um das sprachliche Repertoire Ihrer Kritikerin bestellt ist. Auch wenn sie gut gewählt sind, sie wiederholt meist nur ihre fünf Standardsätze. Eine gute Zusammenarbeit mit dieser Kritikerin könnte ungefähr so aussehen: Sie weist Sie auf mögliche Gefahren und schwierige Situationen hin, Sie nehmen sie als Mahnerin ernst. Auf ihre Bemerkung hin überprüfen Sie, wie wahrscheinlich die angesprochene Gefahr ist und welche Handlungsoptionen Sie haben, falls diese auftritt. In jedem Fall entscheiden Sie, ob Sie es riskieren möchten, neue Erfahrungen zu machen.

Das «innere Team» nutzen lernen

Nachdem Sie nun sehr viel über Ihre innere Kommunikation erfahren haben, gehen wir noch einen Schritt weiter. Im Folgenden geht es um die Analyse der inneren Handlungsmuster und darum, wie wir innere und äußere Krisen bewältigen. Als ein wirkungsvolles Hilfsmittel dabei hat sich die Vorstellung des eigenen Ichs als ein Team aus unterschiedlichen Persönlichkeitsanteilen und Gefühlsbereichen herausgestellt. Es mag auf den ersten Blick ein wenig verrückt klingen, aber es hat viele Vorteile, das eigene Ich nicht als ein Gesamtes zu betrachten, sondern als Summe verschiedener Aspekte, Bedürfnisse und Gefühle.

Jeder von uns kennt die endlosen inneren Diskussionen, wenn eine schwierige Entscheidung ansteht. Vielleicht erinnern Sie sich an das Gefühl, etwas beschlossen zu haben, obwohl Sie schon wussten, dass es falsch war – aber Sie konnten nicht anders? Dann war wahrscheinlich ein Teil von Ihnen mit der Entscheidung einverstanden, der andere nicht. Um diesen Zusammenhang zu erklären, verwende ich gerne das Beispiel eines Projektteams. In jedem Team gibt es die engagierte Arbeiterin, die Kritikerin, die an allem etwas auszusetzen hat und für die nichts gut genug ist, die Vorsichtige, die lieber alles doppelt und dreifach kontrolliert, die Zielorientierte, die was weiterbringen möchte, und vielleicht noch eine Mitarbeiterin, die sich einfach einen schönen Tag machen möchte. Und ganz wichtig – jedes Team braucht jemanden, die lobt und Anerkennung ausspricht. Wenn ein solches Team ohne Leitung oder Moderation in Aktion tritt, kann es heftige und sehr lange Diskussionen und viel Durcheinander geben.

An diesen Gedanken aus der Teamtheorie wird deutlich, dass jede Person in einem Team eine bestimmte Funktion erfüllt, die hilfreich und notwendig ist, um das Ziel zu erreichen. Ohne die Vorsichtige übersehen wir vielleicht Fehler, fehlt die Zielstrebige, trauen wir uns nicht, auch mal mutig einen großen Schritt vorwärtszugehen. Gibt es keine Kritikerin, lernen wir nicht aus unseren Fehlern, und wenn wir keine Anführerin haben, die uns immer wieder Anerkennung ausspricht, verharren wir in Selbstvorwürfen und endlosen Diskussionen.

Der Grundgedanke beim inneren Team ist, dass jeder Teil in uns der ganzen Person hilfreich und wohlwollend gegenübersteht. Natürlich kann es passieren, dass ein Part die Überhand hat und so das Team blockiert. Oder vielleicht pflegt ein Teammitglied einen so scharfen Umgangston, dass eine Zusammenarbeit sehr schwierig ist. Letzteres gilt oft für die innere Kritikerin, die mit ihrem Druck und ihrer Unnachgiebigkeit viel Ablehnung erfährt und das ganze Team entmutigen kann. Sind Sie neugierig auf Ihr inneres Team geworden? Dann nehmen Sie sich ein Blatt Papier und hören und fühlen Sie in sich hinein. Wie könnte Ihr inneres Team zusammengesetzt sein? Zeichen

Abbildung 2: Beispiel für ein inneres Team

Sie einen Kreis und teilen Sie ihn in so viele Tortenstücke, wie Sie Teile in sich finden. Wie groß diese Stücke sind, hängt davon ab, welche Bedeutung der jeweilige Part im Ganzen hat. Notieren Sie jeweils die Bezeichnung und die Funktion, die Sie den Teilen geben wollen. In der folgenden Abbildung sehen Sie ein Beispiel.

Überlegen Sie, welche positiven Funktionen die jeweiligen Bereiche in Ihrem Leben haben. Betrachten Sie Ihr inneres Team und beschäftigen Sie sich mit den folgenden Fragen: Welche Konflikte könnten sich zwischen den einzelnen Teilen ergeben? Wie würden Sie diese als Teamleiterin oder als Moderatorin lösungsorientiert gemeinsam mit allen bearbeiten? Welche

Teile in Ihnen tragen zu Ihrem Burn-out bei und welche könnten Ihnen dabei helfen, wieder herauszukommen? Die Analyse des inneren Teams ist auch für diejenigen Menschen, die sich eher auf ihren Kopf als auf ihr Gefühl verlassen, gut geeignet, um zu verstehen, wie sie selbst funktionieren und wo Veränderungen passieren müssen.

Alarmstufe Rot bei Stufe fünf und sechs

Sie leiden bereits an starken Depressionen oder Panikattacken. Ihr Körper signalisiert Ihnen mit nicht mehr zu ignorierenden Symptomen und Erkrankungen, dass Gefahr im Verzug ist. Wenn Sie jetzt nicht sofort aktiv werden, kommt es zu einem körperlichen Zusammenbruch, der fast immer einen längeren Krankenhausaufenthalt notwendig macht. Sowohl psychisch als auch physisch haben Sie keinerlei Kontrolle mehr und Gefühle von Sinnlosigkeit und Verzweiflung lassen Sie sogar an Selbstmord denken.

Krisenmanagement

Ist dieser Zustand erreicht, sind professionelle psychologische Hilfe und medizinische Betreuung unabdingbar. Jetzt geht es nicht mehr um Veränderung oder Reflexion, sondern nur darum, dass Sie wieder Boden unter die Füße bekommen. Zuerst müssen Körper und Psyche soweit stabilisiert werden, dass Sie nicht mehr in akuter Gefahr sind. Vergessen Sie alles, was in der Zukunft liegt, konzentrieren Sie sich nur auf den jetzigen und allenfalls auf den nächsten Tag. Nun dürfen Sie alles abgeben und sich in ein Krankenbett legen. Sie brauchen nichts mehr zu tun, außer wieder gesund zu werden. Lassen Sie zu, dass Ihnen TherapeutInnen, ÄrztInnen oder PsychologInnen helfend zur Seite stehen. Jetzt sind Sie nicht mehr in der Lage, selbst für sich zu sorgen.

Meist steht dann entweder ein ein- bis zweimonatiger Aufenthalt in einer Klinik mit psychosomatischem Schwerpunkt an oder die Patientin wird nach einem kurzen Klinikaufenthalt nach Hause entlassen und ambulant versorgt. Wenn Sie betroffen sind, lassen Sie zu, dass Ihre Familie oder FreundInnen bei der Suche nach einer Psychiaterin und Psychotherapeutin helfen. Medikamentöse Unterstützung für die erste Zeit ist sinnvoll und notwendig, da Panikattacken oder schwere Depressionen kaum auszuhalten sind. Diese dürfen aber nur unter Beobachtung und Anleitung eingenommen werden.

Aufarbeitung und Heilung

Die Aufarbeitung und Heilung nach einem Burn-out-Zusammenbruch braucht Zeit. Erwarten Sie nicht, dass Sie nach zwei oder drei Monaten wieder in Form sind. Es kann bis zu ein Jahr dauern, bis Ihr Körper zulässt, dass Sie sich wieder einem Leistungsdruck aussetzen. Er muss erst wieder lernen, darauf zu vertrauen, dass Sie ihn nicht erneut an seine Grenze führen, sondern in Zukunft besser aufpassen. Das ist nur möglich, wenn Sie verstehen, wie Sie in den Burn-out-Prozess hineingekommen sind und welche Faktoren es unmöglich gemacht haben, den Zusammenbruch trotz aller Warnhinweise zu verhindern. Für eine gründliche Aufarbeitung ist professionelle Unterstützung unbedingt notwendig. Burn-out-erfahrene PsychotherapeutInnen oder Coaches sind gute Begleiter auf dem Weg in ein neues Leben.

Für die meisten Frauen ist ein derartiger Zusammenbruch, das Erleben der körperlichen Schwäche und des Kontrollverlusts eine ungeheure Niederlage und Demütigung, die nicht leicht zu verkraften ist. Sie fühlen sich als Versagerin und völlig entwertet. Sind Sie betroffen, werden Sie das nachvollziehen können, denn bis zum Zusammenbruch haben Sie mit allen

Mitteln verhindert, dass andere Ihre Schwächen und vermeintlichen Fehler erkennen konnten. Jetzt lässt sich gar nichts mehr verstecken.

Damit die Verletzung des eigenen Egos heilen kann, brauchen Sie viel Liebe und Zuwendung. Ihr Selbstbild und Ihr Selbstwert sind wahrscheinlich zerbrochen und Sie müssen nach dieser neuen Erfahrung etwas Neues aufbauen. Genau darin liegt auch eine Chance, neue Werte und eine Lebenshaltung zu finden, die sich nicht gegen Sie selbst richten. Die erste Zeit nach einem Burn-out-Zusammenbruch ist sehr schwierig und Sie werden sehr geduldig mit sich sein müssen. Nichts geht so schnell, wie Sie es gewöhnt sind. Vielleicht möchten Sie das vermeintliche Versagen, den Zusammenbruch, relativieren, indem Sie schnell wieder gesund werden – damit setzen Sie sich aber wieder unter Druck und der Heilungsprozess dauert noch länger.

Der Zusammenbruch ist auch das Ende aller Verleugnung. Nun müssen Sie sich mit einigen unangenehmen Aspekten auseinandersetzen, die Sie zuvor verdrängt haben, um überhaupt immer weitermachen zu können. Vielleicht werden Sie eine innere Leere entdecken oder Gefühle bemerken, die Sie bis zu diesem Zeitpunkt mit Arbeit überdeckt haben. Sie werden sich sehr hilflos fühlen, da Sie erst einmal herausfinden müssen, wie Sie sich diesen Empfindungen stellen oder mit ihnen umgehen sollen.

Treffen Sie während dieser Phase keine schnellen Entscheidungen, lassen Sie sich Zeit, Ihre Gefühle und Werte neu zu definieren. Vielleicht können und wollen Sie nicht mehr in Ihren Job zurück, da die alten Verhaltensmuster zu stark sind oder die Rahmenbedingungen es nicht zulassen, dass Sie mit sich selbst gut umgehen könnten. Oder Sie lernen, anders mit den Herausforderungen umzugehen, und kehren an Ihren alten Arbeitsplatz zurück.

Neue Perspektiven

Damit sich das Burn-out-Syndrom nicht gleich wieder einstellt, ist es notwendig, dass Sie Ihr Verhaltensrepertoire erweitern. Sie haben nun viel Zeit, von der anfangs sicher ein großer Teil in die Pflege und Rekonvaleszenz Ihres Körpers fließt. Doch nach einem oder zwei Monaten werden grundsätzliche Fragen auftauchen, wie es weitergehen wird. Wollen Sie in Ihrem Job bleiben oder ist ein Wechsel notwendig? Möchten Sie in einer anderen Branche tätig sein und sehen Sie den Zusammenbruch als wichtigen Einschnitt, um diesen längst fälligen Schritt hin zu neuen beruflichen Zielen zu gehen? Was erwarten oder wünschen Sie sich von Ihrem Leben? Was ist für Sie Erfolg?

In Ihrer Situation geht es nicht um kurzfristige, sondern um mittel- und langfristige Veränderungen. Wenn Sie wieder an Ihren alten Arbeitsplatz zurückwollen, dann brauchen Sie mittelfristig eine neue Haltung diesem gegenüber.

Hierzu ein Beispiel: Frau Heimer ist nach einem Zusammenbruch für vier Monate krankgeschrieben. Vorher hat sie als Projektleiterin in einem Pharmaunternehmen gearbeitet. Da sie ihre KollegInnen dort mag und ihr der Job an sich gut gefällt, denkt Sie daran, wieder dorthin zurückzukehren. Aber sobald sie sich von ihrem Arzt bestätigen lassen möchte, dass sie wieder gesund ist, kriegt sie Atembeschwerden und Herzrasen. Es scheint so, als sei ihr Körper noch nicht bereit dazu, sich der Arbeit zu stellen. Frau Heimer ist sehr verzweifelt, sie befürchtet, dass sie den Job verliert, wenn ihre Krankheit noch länger anhält. Und sie schämt sich dafür, dass sie es nicht schafft, wieder fit zu werden. Zudem macht sie sich Sorgen, dass sie bei anderen als arbeitsscheu oder als Simulantin gilt. Das ändert sich erst, als Frau Heimer in der Psychotherapie versteht, dass Erfolg haben für sie Überleben bedeutet. Ist sie nur ein wenig oder eben nicht sehr erfolgreich, bedeutet das bereits völliges Versagen, die Folge ist Verachtung für sich selbst. Nachdem sie dies erkannt hat, ist ihr Körper bereit, sich unter neuen Bedingungen wieder dem Stress zu stellen.

Frau Heimer ist mit dem Leitspruch «Nur die Besten/Härtesten kommen durch» aufgewachsen. Wenn ein Ergebnis oder eine Person diese Vorgabe nicht erfüllt, gilt es oder sie nichts. Das hat es ihr unmöglich gemacht, über längere Zeit an einer Arbeitsstelle durchzuhalten, an der sie ihre Aufgaben nicht hundertprozentig erfüllen konnte. In ihrem Inneren wusste sie es bereits: Wenn dieser Aspekt nicht ausreichend bearbeitet und aufgelöst wird, helfen alle guten Vorsätze nicht, um den Stress und ein erneutes Ausbrennen zu vermeiden. Doch nun ist sie selbst in der Lage, die Grenzen ihrer Belastbarkeit zu erkennen und sich selbst zu bremsen, wenn ihre Messlatte wieder einmal zu hoch liegt.

Viele Frauen wollen nach einem Burn-out-Zusammenbruch jedoch nicht mehr in den alten Job. Sie sehen keinen Sinn darin, in die Tretmühle mit dem nicht zu bewältigenden Arbeitsaufkommen, den unmotivierten und unmenschlichen Chefs oder dem täglichen Konkurrenzkampf zurückzukehren. Wenn es Ihnen auch so geht, ist es an der Zeit über zwei zentrale Fragen nachzudenken: Was ist Erfolg? Und: Was ist ein erfolgreiches Leben?

Bis jetzt haben Sie Erfolg an den beruflichen Leistungen und der dazugehörigen Anerkennung gemessen. Sie sind davon ausgegangen, dass die Höhe des Einkommens, die Größe des Autos und der Wohnung zeigen, wie erfolgreich Sie in Ihrem Job tatsächlich sind. Oder Sie haben es als Beweis gesehen, dass Ihre Kinder eine gute Schulausbildung haben. Bisher ging es immer darum, ein bestimmtes Ziel zu erreichen. Vielleicht haben Sie mit Erstaunen festgestellt, dass Sie nicht glücklicher und zufriedener sind, weil Sie genau das erreicht haben, was Sie sich vorgenommen haben.

Aber was macht Glück und Zufriedenheit aus? Wenn Sie sich mit diesen grundsätzlichen Fragen befassen, können Sie zu ganz neuen Erkenntnissen gelangen. Möglicherweise verspüren Sie den Wunsch, dass Sie schon immer gerne etwas Soziales oder etwas Schöpferisches tun wollten. Sie sind eine kompetente und einsatzfreudige Frau, Sie haben bereits Ungeheures geleistet. Mit dieser Kraft können Sie auch viele andere Vorhaben und Ideen umsetzen. Es mag sein, dass Ihnen diese Worte hohl vorkommen, da Sie noch nicht wieder über Ihre inneren Kräfte verfügen. Ich versichere Ihnen: Geben Sie sich nur ausreichend Zeit für Heilung und Selbstreflexion. Dann werden Ihre Kraft, Ihr Kampfgeist und Ihre Leidenschaft und Freude wieder zurückkommen. Und dann entscheiden Sie, wofür Sie diese einsetzen wollen.

V. Zum Umgang mit burn-out-gefährdeten Menschen

Jede kann unter gewissen Umständen anfällig für ein Burn-out sein. Oft meinen die Menschen in der nahen Umgebung, sie müssten hilflos mit ansehen, wie die oder der EhepartnerIn, Freunde, Familienangehörige oder MitarbeiterInnen und KollegInnen sehenden Auges auf den Zusammenbruch zugehen. Wenn Sie in einer solchen Situation sind, stehen Ihnen aber durchaus Wege offen, um die betroffene Person zu unterstützen. Ganz wichtig im Umgang mit ausgebrannten Menschen ist, dass Sie selbst gut auf Ihre Bedürfnisse achten und sich der Person gegenüber deutlich abgrenzen. Denn sonst laufen Sie Gefahr, selbst ein Burn-out zu entwickeln.

Burn-out in Paar- und Freundesbeziehungen

Burn-out-gefährdete Menschen bitten selten um Hilfe, selbst bei Menschen, die ihnen nahestehen. Bieten Sie daher vorsichtig Ihre Unterstützung an, wenn Sie feststellen, dass Ihre oder Ihr LebenspartnerIn oder eine oder ein FreundIn betroffen ist. Vielleicht erzählen Sie von eigenen Erfahrungen, um das Vertrauen dieser Person zu gewinnen. Sie werden sicher viele Ausreden und Abschwächungen hören, aber es können auch aggressive Reaktionen auftreten, wenn Ihr Handeln als Einmischung oder Besserwisserei verstanden wird. Vor allem in den frühen Burn-out-Phasen gibt es wenig Einsicht und Motivation, dass Vorbeugung notwendig ist. Ihre Sorge wird eher als lästige Bevormundung erlebt. Zweifeln Sie auf keinen Fall an sich selbst, wenn Sie nicht sehr erfolgreich sind. Aber bleiben Sie beim Thema, informieren Sie sich, lassen Sie Bücher über Burn-out und Stress offen herumliegen und hinterfragen Sie liebevoll immer wieder die Stressbewältigungsstrategien der betroffenen Person.

Wenn diese bereits Symptome eines fortgeschrittenen Burn-outs zeigt, depressiv ist und alles sinnlos findet, drängen Sie immer wieder darauf, dass sie sich professionelle Hilfe sucht. Wählen Sie geeignete PsychotherapeutInnen, Coaches oder BeraterInnen aus und geben Sie der betroffenen Person einen Zettel mit dem Namen und der Telefonnummer in die Hand. Bieten Sie an, dass Sie beim Telefonat dabei sein werden oder auch zum Erstgespräch mitgehen. Wenn die depressive Symptomatik schon weiter fortgeschritten ist, kann es sogar sein, dass Antrieb und Fähigkeit, Derartiges anzugehen, sehr geschwächt sind. Machen Sie sich bewusst, dass sich dahinter keine Unwilligkeit oder Faulheit verbirgt, sondern dass diese Energielosigkeit typischerweise als Begleiterscheinung bei einer Depression auftritt.

Geht es um Ihre Partnerin oder eine Freundin, machen Sie sich Folgendes klar: Vor allem für Frauen mit Burn-out-Risiko ist es generell sehr wichtig, alles alleine zu schaffen. Die Betroffene muss sich nun aber eingestehen, dass sie dazu nicht in der Lage ist. Das zu verdauen, fällt nicht leicht, die Erkenntnis allein stellt daher schon einen großen Schritt dar.

Einer Frau in dieser Situation einfach nur zuzuhören, ist wichtig. Geben Sie sich Mühe, sie nicht zu kritisieren oder zu verurteilen. Ermuntern Sie sie, über ihre verdrängten Gefühle nachzudenken, die Wut, die Ohnmacht, die Angst, die Abhängigkeit. Bleiben Sie geduldig. Unterstützen Sie sie, indem Sie ihre positiven Eigenschaften sichtbar machen, ihre Kompetenz, ihre Zuverlässigkeit als Freundin usw. Da ab einem gewissen

Grad der Erkrankung die Wahrnehmung der positiven Aspekte im Leben verloren geht, ist es gut, die betreffende Person immer wieder daran zu erinnern.

Vielleicht wird Ihre Partnerin/Freundin auf jeden positiven Hinweis mit einem «Ja, aber ...» reagieren. Selbst wenn Sie dies ärgert, da keine Ihrer Ideen gut genug zu sein scheint, unterlassen Sie jeden Vorwurf. Bremsen Sie sich besser selbst und sprechen Sie nicht jeden Gedanken aus. Unterstützen Sie die Betroffene dabei, ihre Gefühle zu bestimmten Personen und Situationen besser zu verstehen. Dinge beim Namen zu nennen und den ganzen Frust, Ärger und alle Enttäuschung offen auszusprechen, kann entlasten. Damit zerfällt der Riesenberg aus aufgestauten Gefühlen in kleinere und leichter zu bewältigende Brocken.

Spielen Sie Ihrer Partnerin/Freundin bitte nicht vor, dass alles in Ordnung ist und die Symptome nicht so schlimm sind. Gekünstelter Optimismus verstärkt nur ihr Gefühl, dass niemand versteht, wie es ihr geht. Zeigen Sie ruhig, wie betroffen Sie sind oder wie groß Ihre Sorge ist. Verfallen Sie jedoch nicht selbst in Resignation. Gerade Frauen mit Depressionen würden diese Hoffnungslosigkeit spüren und die Zukunft in noch schwärzeren Farben ausmalen. Lassen Sie sich auf keinen Fall davon anstecken, übernehmen Sie in solchen Situationen ganz bewusst den Part der Hoffnung, ohne zu übertreiben.

Es hilft auch, wenn Sie gemeinsam mit der Betroffenen deren Situation analysieren. Obwohl sie sehr müde und schwach ist, kämpft sie gerade deswegen umso verbissener darum, ihre Identität und Würde wahren. Schwäche einzugestehen, ist für Frauen im Burn-out sehr schwer. Ihre Partnerin/Freundin braucht viel Ermutigung, dass sie auch jetzt ein starker und selbständiger Mensch ist. Gehen Sie langsam vor, ihr gewohnter Leistungsanspruch kann auch in dieser Phase wirken und Druck auslösen, alles möglichst schnell wieder in den Griff zu kriegen.

Um die Reaktionen und Verhaltensweisen Ihrer Partnerin/Freundin besser zu verstehen und mit Zurückweisungen besser umzugehen, informieren Sie sich mit diesem Buch umfassender über das Thema Burn-out. Auch im Internet finden Sie dazu zahlreiche Möglichkeiten (siehe Anhang). Manche Ängste können Sie lindern, indem Sie der Betroffenen mitteilen, dass ihre Gefühle oder Zustände für Menschen mit Burn-out normal sind. Zu hören, dass die derzeitige Schwäche eine ganz normale Reaktion auf eine jahrelange Überforderung ist, kann die quälenden Selbstvorwürfe und Zweifel mildern.

Sprechen Sie außerdem an, was Frauen angeblich «müssen» und «sollten» – und wie oft das vom «Wollen» abweicht. Wenn Ihre Partnerin/Freundin sich dies bewusst gemacht hat, überlegen Sie gemeinsam, wo für sie Spielraum für das «Wollen» ist. Finden Sie dann zusammen heraus, welche inneren Glaubenssätze und Erwartungen sie von ihrer Herkunftsfamilie gelernt und übernommen hat. Dann ergründen Sie mit ihr, auf welche Art diese im beruflichen Alltag hinderlich wirken. Machen Sie sich beide immer wieder bewusst, dass mit dem Verstehen ein erster Schritt getan, aber längst nicht alles gewonnen ist. Denn die Erkenntnisse umzusetzen, fällt oft schwer. Ihre Partnerin/Freundin wird dafür eine ganze Menge Zeit und viel Geduld aufbringen müssen, vor allem auch, um die kleinen Misserfolge zu verarbeiten. Planen Sie dann gemeinsam kurz- und langfristige Veränderungen, die der Weiterentwicklung des Burn-outs entgegenwirken. Dabei sollten Sie beide auf eine realistische Einschätzung achten, was sich tatsächlich ändern lässt und was nicht. Beginnen Sie mit dem kleinstmöglichen Schritt und heben Sie sich die schwierigeren Aspekte für später auf.

Wie sehr diese Überlegungen auch Sie betreffen, hängt davon ab, wie nah Ihnen die betroffene Person steht. In einer Paarbeziehung oder Ehe sind beide Partner von jeder Veränderung mitbetroffen. Daher ist es wichtig, dass Sie als der nicht betroffene Partner – ob Mann oder Frau – immer genau hinterfragen, ob zum Beispiel die neue Arbeitsteilung bei der Kinderbetreuung, der Hausarbeit oder der Gartenpflege für Sie machbar ist. Wenn Sie in zu großen Stress geraten, nur um es dem anderen zu erleichtern, haben Sie beide keine gute Lösung gefunden.

Als nicht betroffener Partner werden Sie vielleicht zu hören bekommen, dass auch Sie sich verändern sollen, oder Sie bekommen einen Teil der Schuld an dem Burn-out zugesprochen. Dann kann sehr leicht immer wieder unproduktiver Streit entstehen, in dem es nur darum geht, wer die Schuld an allem trägt. Hüten Sie sich vor schnellen Zusagen, um es dem anderen zu erleichtern. Geben Sie erst nach, wenn Sie sicher sind, dass neue Vereinbarungen von beiden Seiten eingehalten werden können. Die Aufgaben neu zu verteilen, bedeutet, dass einer etwas loslassen und der andere ganz verlässlich etwas annehmen muss. Nur wenn beide Partner darauf vertrauen, kann eine neue Verteilung im privaten Lebensbereich funktionieren und damit entlasten. Holen Sie sich Unterstützung durch eine Paarberatung, wenn sich zu viele Schwierigkeiten auftun.

Stellen Sie immer wieder heraus, wie hilfreich das Reden miteinander ist. Zudem können Sie Ihre oder Ihren PartnerIn darin unterstützen, aus dem Einzelkämpfertum herauszukommen und sich auf das eigene Netzwerk zu stützen. Überlegen Sie gemeinsam, wie die oder der betroffene PartnerIn sich besser um sich selbst kümmern und mehr Fürsorge für sich selbst aufbringen kann. Behalten Sie dabei immer im Hinterkopf: Menschen mit Burn-out sind oft ungerecht, ungeduldig, gereizt und abwertend. Schlucken Sie Ihre Gefühle über einen derartigen Umgang nicht einfach hinunter, sondern sagen Sie rechtzeitig Halt und fordern Sie einen wertschätzenden Umgang ein. Nichts rechtfertig verbale Abwertungen. Nutzen auch

Sie während dieser schwierigen Zeit Ihr Beziehungsnetzwerk, um über die Belastungen als nicht betroffener Partner/Freund zu sprechen und sich Trost und Anregungen zu holen.

Achten Sie auf sich, denn der ständige Druck und Stress, den Ihre oder Ihr PartnerIn verbreitet, kann Sie dazu verleiten, Ihr persönliches Tempo zu überschreiten, um nicht zurückzubleiben. Erschwerend kommt dazu, dass Menschen im Burn-out sich aus Beziehungen zurückziehen. Ihr Versuch, Nähe und Intimität herzustellen, kann dazu führen, dass Sie Ihre eigenen Bedürfnisse ganz zurückstellen und sich nur auf den anderen einstellen.

Vorsicht: Burn-out kann ansteckend sein

Nicht nur in Freundschaften und Paarbeziehungen, sondern auch in professionellen Hilfsbeziehungen kann ein Mensch, der an einem Burn-out leidet, sein Tempo, den Druck und den Leistungsanspruch auf sein Gegenüber übertragen. In solchen Fällen wächst die Burn-out-Gefahr für die andere Person.

In Paarbeziehungen äußert sich das häufig so: Die Unruhe und die Unfähigkeit, sich zu entspannen, nimmt auch dem anderen den Raum für Erholung. Gemeinsames Nichtstun am Wochenende, wie viele Paare es vom Beginn ihrer Beziehung kennen, gibt es schon lange nicht mehr. Beide stehen früh auf und schon beginnt der Stress, schließlich will die rare Freizeit gut genutzt sein. Sie ziehen mit, um überhaupt noch Zeit mit dem anderen gemeinsam zu verbringen.

Oder Ihre oder Ihr PartnerIn bringt den tägliche Ärger und Stress mit nach Hause, sodass allabendlich hauptsächlich über die neuesten Gemeinheiten und Konflikte am Arbeitsplatz gesprochen wird. Statt gemeinsam zu entspannen, geht es immer um die gleichen Beschwerden, ohne dass eine Veränderung in Angriff genommen wird. Das bietet keinen Ausgleich zur Arbeit und auch keine emotionale Entlastung, sondern stabilisiert das Gefühl von Ungerechtigkeit und Hilflosigkeit. Hier geht es nicht um das Reden als Psychohygiene, denn dann verspürt die Person, die erzählt, anschließend eine Art Erleichterung. Sie konnte die innere Anspannung loswerden, auch wenn kein gute Lösung gefunden wurde. Doch die sehr emotionalen Ausbrüche verschaffen keine Entspannung, Ärger und Frust bleiben bestehen und übertragen sich auf Sie. Das führt dazu, dass auch Sie immer wieder aufs Neue verärgert oder frustriert sind, da es Ihnen nicht gelingt, andere Themen einzubringen oder gar einen gemütlichen Abend mit dem anderen zu verbringen. Oder Sie werden langsam sauer, weil all Ihre Vorschläge, die Situation zu verändern oder zu verbessern, nicht angenommen werden.

Auch der innere Leistungsanspruch kann ansteckend wirken, sodass Sie sich selbst mehr unter Druck setzen, als Sie es sonst tun würden. Dadurch kann eine Kokurrenz in der Beziehung entstehen, durch die beide über ihre Grenzen gehen, um nur ja nicht schlecht vor dem anderen dazustehen. In der Praxis begegnet mir aber auch das umgekehrte Bild: Der Partner einer sehr belasteten, burn-out-gefährdeten Frau zieht sich zurück und überlässt ihr immer mehr Aufgaben. So vermeidet er die ständige Kritik, dass er nicht gut oder nicht schnell genug ist. Doch durch seine Flucht in die Passivität entstehen viele neue Konflikte in der Beziehung.

Bei beruflichen Kontakten besteht ebenfalls die Gefahr der Ansteckung. Es kann passieren, dass Sie als Beraterin den sehr hohen Leistungsanspruch einer Klientin oder eines Klienten übernehmen. Das ist dann der Fall, wenn die Gefühle von Unzulänglichkeit und Unsicherheit im Sinne einer Übertragung auch bei Ihnen entstehen. Sie geben sich immer mehr Mühe und strengen sich ganz besonders an, um kompetent dazustehen.

Diese unterschwellige Ansteckung kann sich durch verbal forumulierte Erwartungen an Sie noch verstärken: «Sie müssen mir helfen, Sie kennen sich doch damit aus. Also sagen Sie mir, was ich tun soll, damit ich wieder arbeiten kann.» Verbinden sich diese hohen Ansprüche mit den eigenen großen Erwartungen, kann sich die Burn-out-Gefahr sehr verstärken. Besonders anfällig sind Sie dann, wenn es bei Ihrer Arbeit um schwere Krisen oder gar um Leben oder Tod geht. Aber auch bei großer finanzieller Not ist die Abgrenzung generell schwierig. Bekommen Sie dann noch das Gefühl vermittelt, dass alles bei Ihnen liegt, Sie sich daraufhin aber nicht gut genug, kompetent genug oder stark genug fühlen, wird es noch schwierger, bei sich zu bleiben. Achten Sie sehr darauf, dass Sie Ihr eigenes Tempo beibehalten und weiterhin achtsamen mit sich und Ihren eigenen Ressourcen umgehen. Wenn Sie Ihre eigenen inneren Glaubenssätze und Ihre innere Kritikerin gut kennen, verringern Sie die Gefahr, sich an einem Burn-out anzustecken. Regelmäßige Supervision und Fortbildungen helfen, die eigenen Grenzen zu erkennen und die Motivation aufrechtzuerhalten.

Zu viel des Guten: Überengagement-Burn-out

Es gibt Frauen, die jahrelang versuchen, mit viel Liebe, Verständnis, Mühe und dem Zurücknehmen der eigenen Bedürfnisse die Art von Zuneigung zu bekommen, die sie sich wünschen. Wenn Sie davon betroffen sind, sind Sie immer wieder über Ihre eigenen Grenzen gegangen, haben viel verziehen und Frust und Ärger in sich hineingefressen. Am Ende sind Sie in ein Burn-out mit all den bekannten Symptomen hineingeraten. Der dazugehörige Partner ist meist emotional zurückhaltend oder gar abweisend, verheiratet oder aus anderen Gründen nicht fähig, sich auf eine enge Beziehung einzulassen. Sie wenden all Ihre Energie und Liebe auf, um ihn so zu verändern, dass er ein liebevoller und aufmerksamer Partner wird. Doch Sie versuchen nicht nur, ihn zu verändern, sondern auch sich selbst – in der

Hoffnung, dass sich dann sein Herz öffnet. Aber alle Bemühungen bleiben erfolglos. Sie haben für diese Beziehung gebrannt und alles gegeben, bis dieses Ungleichgewicht emotional nicht mehr auszuhalten war. Sich aus einer derartigen Beziehung zu lösen, ist sehr schwer. Zu viel haben Sie schon investiert und jetzt alles aufzugeben, ist hart und erfordert echte Unterstützung.

Große Gefahr, an einem Überengagement-Burn-out zu erkranken, besteht auch für PartnerInnen von Menschen mit einer Sucht. Das lang anhaltende Bemühen, den anderen aus den Fängen von Alkohol, Drogen oder Spielsucht zu befreien, führt häufig zur Co-Abhängigkeit. Kennzeichnend ist, dass die Rolle der Helferin ebenfalls mit Anzeichen von Abhängigkeit verbunden ist. Das kann zum Beispiel ein ausgeprägtes Helfersyndrom, die Kompensation eigener Minderwertigkeitsgefühle oder auch der Wunsch nach sozialer Anerkennung sein. Ein solches Verhalten über einen längeren Zeitraum führt häufig in das Burn-out, da auch hier die schon beschriebenen fördernden Faktoren eine große Rolle spielen.

Auch in professionellen Beziehungen kann es zu einem Überengagement-Burn-out kommen. Es kann zum Beispiel entstehen, wenn eine Sozialarbeiterin sich ganz besonders für ihre Klienten engagiert. Sie macht Überstunden und setzt Himmel und Hölle in Bewegung, um Unmögliches möglich zu machen. Dann plötzlich zieht die Klientin ihr Anliegen zurück. Sie zieht wieder bei ihrem gewalttätigen Ehemann ein oder nimmt den nach vielen Mühen gefundenen Job doch nicht an. Einige Menschen, die in sozialen Berufen arbeiten, geraten zudem in einen wahren Teufelskreis. Nie ist es genug, was sie tun, also treiben sie sich zu mehr Leistung an. Sie ignorieren die sich immer weiter verschärfenden Rahmenbedingungen wie Sparmaßnahmen oder strengere Gesetze. Auch das Ergebnis daraus ist wieder nicht gut genug und so weiter. Das kann aus innerem Antrieb geschehen oder weil eine Klientin immer meint, es könnte noch mehr oder etwas anderes sein, das sie braucht. Wenn Sie ein sozialen Beruf ausüben, wird sich eine solche Situation hin und wieder ergeben, schließlich arbeiten Sie mit Menschen. Aber wenn dies die Regel ist oder immer wieder passiert, besteht die Gefahr, dass Sie ausbrennen und dadurch zynisch und demotiviert werden. Supervision als begleitende Reflexionshilfe ist in diesem Zusammenhang eine ganz wichtige Präventionsmaßnahme, denn damit lassen sich Übertragungen und Überengagementsmuster aufdecken. Und wenn Sie diese erst einmal erkannt haben, lassen Sie sich beraten, welche zusätzlichen Strategien der Burn-out-Prävention notwendig sind, damit Sie gesund und motiviert bleiben.

Für Führungskräfte: Burn-out-Gefahr bei MitarbeiterInnen

Sie als Führungskraft haben eine ganz besondere Verantwortung für Ihre MitarbeiterInnen. Machen Sie sich bewusst, dass schon ein Fall von Burn-out auf ein nicht funktionierendes System in Ihrer Abteilung hinweist. Das hat damit zu tun, dass ein Burn-out letztendlich nur zu einem geringen Teil auf persönlichen Faktoren beruht. Verstehen Sie Symptome des Ausgebranntseins bei MitarbeiterInnen als Signal dafür, dass Sie als Führungskraft aktiv werden müssen.

Wenn eine Mitarbeiterin ausfällt, weil sie ein Burn-out erlitten hat, weckt dies häufig überhebliche Gedanken im Team und leider auch bei Vorgesetzten: «Die hat den Stress nicht ausgehalten» oder «Schwächling». Daher ist es keine gute Lösung, ausgebrannte MitarbeiterInnen einfach auszutauschen. Denn dies wirkt zum einen demotivierend für die anderen – und ist wirtschaftlich nicht sinnvoll. Denn diejenigen, die ein Burn-out zuerst trifft, sind meist die produktivsten und verlässlichsten. Wenn Sie dann einfach eine neue Mitarbeiterin auf diesen Platz setzen, dauert es wahrscheinlich nicht lange, bis diese ebenfalls erste Anzeichen eines Burn-outs zeigt. Hohe Fluktuationsraten bei gewissen Positionen weisen sehr deutlich darauf hin, dass ein Strukturproblem vorliegt. An dieser Stelle sind Sie als Führungskraft gefordert.

Hinzu kommt, dass Burn-out ansteckend sein kann. Wenn es eine oder mehrere stark überforderte MitarbeiterInnen in einem Team gibt, verschlechtert sich das Arbeitsklima, denn sie geben ihren Druck an andere weiter und erhöhen so auch deren Risiko. Das gilt auch, wenn Sie als Führungskraft in einem Burn-out stecken und alle typischen Verhaltensweisen wie zynisches und abwertendes Verhalten oder viel zu viele Überstunden als Modell vorleben. Daher lassen Sie sich selbst bei Ihrer Analyse nicht aus, falls Burn-out in Ihrem Team ein Thema wird. Es gibt eine ganze Reihe von Hinweisen, die dafür sprechen, dass eine oder ein MitarbeiterIn in einem Burn-out steckt. Achten Sie auf Veränderungen beim Verhalten und bei der Arbeitsleistung. Zu den Merkmalen, die eine gefährdete Person aufweist, gehören folgende:

- Sie redet schneller als sonst.
- Sie nimmt nicht mehr an den gemeinsamen Mittagessen teil, isst alleine oder nur noch Fastfood.
- Der Zigaretten- oder Kaffeekonsum erhöht sich.
- Sie macht mehr Überstunden, aber der Output wird nicht größer.
- Die Arbeitsmoral sinkt, meist im ganzen Team.
- Die Fehlerhäufigkeit steigt. Dabei wird die Verantwortung immer auf andere geschoben. Auf Ihr Feedback folgen aggressive Reaktionen.
- Kundenbeschwerden häufen sich.
- Es passieren immer wieder Pannen im Kommunikationsfluss. Die betroffene Person nimmt sich keine Zeit mehr zum kollegialen Plaudern oder die anderen ziehen sich zurück.
- Sie ist häufiger und länger krank.

Ihre Aufgabe als Führungskraft besteht darin, diese Veränderungen anzusprechen. Solche Gespräche sind meist nicht einfach, denn die überbelastete Mitarbeiterin reagiert auf (echte oder vermeidliche) Kritik sehr schnell negativ. Daher müssen Sie im Gespräch den Schwerpunkt verstärkt darauf legen, die Rahmenbedingungen zu hinterfragen. Der Leitsatz für Sie selbst kann sein: «Nicht die Mitarbeiterin ist das Problem, sondern die Strukturen und Rahmenbedingungen müssen verbessert werden.» Damit drängen Sie Ihr Gegenüber nicht in eine Verteidigungsposition, sondern laden es ein, sich lösungsorientiert am Geschehen zu beteiligen. Überlegen Sie gemeinsam, welche Veränderungen hilfreich sind, um die Burn-out-Faktoren in Ihrer Abteilung zu reduzieren. Bereiten Sie sich auf ein solches Gespräch gut vor.

- Verschaffen Sie sich einen Überblick über die strukturellen Belastungen im jeweiligen Arbeitsbereich und darüber, welche Veränderungen es in letzter Zeit gab.
- Ein Burn-out entwickelt sich immer über einen längeren Zeitraum. Informieren Sie sich daher über den firmeninternen Karriereweg der betroffenen Mitarbeiterin oder des betroffenen Mitarbeiters.
- Nehmen Sie sich ausreichend Zeit und Ruhe für das Gespräch, führen Sie es nicht zwischen Tür und Angel.
- Beschreiben Sie die Veränderungen, die Ihnen aufgefallen sind, aber werten Sie diese nicht.
- Betonen Sie immer wieder, dass ein Burn-out keine persönliche Schwäche, sondern ein wichtiger Hinweis ist, dass strukturelle Probleme in der Abteilung bestehen.

Lassen Sie sich nicht dazu verführen, helfend einzugreifen, indem Sie Aufgaben von betroffenen MitarbeiterInnen übernehmen. Damit ändern Sie nichts, sondern verschieben nur das Problem. Sie als Führungskraft sind für den Überblick und die

Koordination zuständig, dazu gehört es auch, Burn-out-Prävention zu betreiben oder die Risikofaktoren in Ihrer Abteilung zu verringern.

- Schaffen Sie Rollen- und Aufgabenklarheit.
- Definieren Sie die Ziele für die Abteilung und die einzelnen MitarbeiterInnen eindeutig, auch wenn diese immer wieder von oben verändert werden.
- Entwickeln Sie einen flexiblen Führungsstil, den Sie je nach Aufgabe und Persönlichkeit der Mitarbeiterin oder dem Mitarbeiter anpassen.
- Vermitteln Sie Wertschätzung und Respekt.
- Schaffen Sie Raum für ehrliche Anerkennung sowie für Feedback.
- Ihr Umgang mit Fehlern hat Modellwirkung. Vermitteln Sie, dass Fehler positive Anregungen für Verbesserungen und zum Lernen sind.
- Entwickeln Sie ein sicheres Krisenmanagement, bleiben Sie ruhig und behalten Sie den Überblick.
- Führen Sie regelmäßige, auch auf einen Anlass bezogene Mitarbeitergespräche.
- Schaffen Sie Bereiche, in denen Ihre MitarbeiterInnen selbstbestimmt agieren können.

Ganz pragmatisch gesehen, schaden Sie sich und Ihrem Unternehmen, wenn Sie die Gesundheit Ihrer MitarbeiterInnen nicht pflegen. Denn Krankenstände, hohe Fluktuation und verminderte Produktivität kosten Geld. Fehlende Kreativität und viele Kundenbeschwerden bremsen eine positive Entwicklung des Unternehmens. Und letztendlich trägt sehr zu einer wirkungsvollen Burn-out-Prävention bei, die Chefin eines lebendigen und hochmotivierten Teams zu sein.

VI. Aufruf zum Widerstand

Das Arbeitstempo wird immer schneller, der Druck in den Unternehmen, immer mehr zu sparen, um die Gewinnspannen zu erhöhen oder zu halten, wird immer größer. Die Konkurrenz im globalisierten Markt treibt zu immer größeren Höchstleistungen an und wenn immer mehr Produktionsstätten und damit Arbeitsplätze in Billiglohnländer abwandern, verringert sich der Spielraum weiter. Es wird gespart, umstrukturiert und ausgelagert, weniger Menschen müssen immer mehr leisten. Gleichzeitig gibt es immer noch zu wenige Kinderbetreuungsstätten mit flexiblen Öffnungszeiten, die der geforderten Flexibilität am Arbeitsplatz Rechnung tragen würde. Diese neue Struktur der Arbeit mit ihren unsicheren Anstellungsverhältnissen, Zeit- und Werkverträgen verschärft die Situation, was dazu führt, dass sich das Burn-out-Syndrom immer weiter verbreitet.

Hinzu kommt, dass die kollektive Definition von Erfolg weiterhin an einer beruflichen Idealkarriere orientiert bleibt und noch immer am Einkommen gemessen wird. Da das Herzeigen des Gehaltszettels als unschicklich gilt, wird der Erfolg mit diversen Prestigeobjekten sichtbar gemacht: ein Haus, ein teures Auto, Urlaube und tolle Sportausrüstungen. Doch ist ein Ziel erreicht, muss wieder etwas nachkommen: noch mehr, noch besser, noch erfolgreicher. Wer da nicht mitmacht, wird schnell als Verlierer oder unengagiert abgestempelt. Unter diesem Druck wird die Burn-out-Gefahr noch einmal erhöht.

Ein Umdenken ist nur schwer vorstellbar, auch wenn es für die kollektive Gesundheit dringend notwendig wäre. Wie könnte eine alternative Definition von Erfolg aussehen? Diejenigen, die aus dem bestehenden System ausgestiegen sind, probieren neue Werte und somit neue Definitionen aus. Erfolg könnte auch ein Gradmesser für Zufriedenheit sein. Nicht mehr das Wieviel zählt, sondern das Wie. Das mag für Frauen, die ständig um ihre finanzielle Existenz kämpfen, unerreichbar erscheinen, doch haben die jetzigen Zustände in der Wirtschaftswelt ja erst dazu geführt, dass manch ein Job kaum mehr das Überleben sichert.

Daher die Forderung: Die große Bedeutung von beruflicher Leistung muss hinterfragt und vom Wert der Person entkoppelt werden. Seit Jahrzehnten lernen wir, dass wir nur etwas Wert sind, wenn wir genug leisten. Für Frauen ist diese Verknüpfung umso prekärer, da nur berufliche Leistung anerkannt wird. Hausarbeit, Kindererziehung und Pflege zählen nicht. Aus diesem Grund sind auch Männer nur schwer motivierbar, sich diesem gesellschaftlich sehr relevanten Bereich anzunehmen.

Diese gesellschaftliche Kopplung von Wert und erwerbsmäßiger Leistung verstärkt die Burn-out-Gefahr. Die wichtigen Faktoren Erholung und Entspannung sind Freizeitvergnügen und privatisiert und somit leichter reduzierbar.

Hier sind die politisch Verantwortlichen aufgerufen, regulierend einzugreifen, damit das Problem des Ausbrennens nicht zur Volkskrankheit wird. Die Diskussion um Sozialschmarotzer und Aussteiger verschärft den Druck noch. Untypische Lebensmodelle werden abgewertet und ausgeschlossen. Doch gerade sie bieten eine Chance und geben Anregungen für ein gesundes menschengerechtes Leben.

Vor diesem Hintergrund finden Überlegungen immer größeren Anklang, wie Widerstand gegen das immer höhere Tempo und den Leistungsanspruch der westlichen Industriegesellschaft auf privater Ebene zu verwirklichen wäre. Das beweisen die hohen Verkaufszahlen von Bestsellern wie zum Beispiel «Die Entdeckung der Faulheit» von Corinne Maier (München 2006). Auch das große Interesse an asiatischen Lebensmodellen, die solche Werte beinhalten, die in unserer Leistungsgesellschaft kaum mehr Platz bekommen, spricht dafür.

Um nicht falsch verstanden zu werden: Widerstand heißt nicht, aus dem Job auszusteigen oder alle Karrierewünsche aufzugeben. Vielmehr geht es darum, Werte wie Leistung und Erfolg nicht ganz selbstverständlich und ohne jedes Hinterfragen zu akzeptieren. Damit bedeutet Widerstand, selbst zu überlegen und zu entscheiden, wo und wann Sie sich engagieren. Und er besteht darin, sich den Eigennutz der Aktionäre und Vorgesetzten klar vor Augen zu führen. Denn nur auf diese Weise können Sie die Verantwortung für Ihre Gesundheit und Ihre Lebensqualität selbst übernehmen. Auch Selbstbestimmung im Zusammenhang mit den gesellschaftlichen Werten ist gefragt. Legen Sie selbst fest, was Ihren Wert als Person bestimmt: vielleicht Ihre Leistung oder Ihre Klugheit, möglicherweise auch Ihre innere Wärme. Und am Ende bestimmen Sie ganz allein, was Sie unter Leistung und Erfolg verstehen. Burn-out-Prävention bedeutet, Chefin im eigenen Leben zu sein. Warten Sie nicht, bis andere Ihnen die Zügel in die Hand geben oder die Welt sich verändert, beginnen Sie jetzt!

Anhang

Literatur

Ammann, Karin: Time-out – Ausstieg auf Zeit. Beobachter-Verlag, Zürich 2005.

Becker, Georg E./Gonschorek, Gernot: Kultusminister schicken 55000 Lehrer vorzeitig in Pension. Konsequenzen aus dem Heidelberger Burnout-Test (BOT). In: Gudjons, Herbert (Hg.): Entlastung im Lehrberuf, Seite 47–68. Bergmann + Helbig Verlag, Hamburg 1993.

Becker, Georg E./Gonschorek, Gernot: Das Burnout-Syndrom. Ursachen, Interventionen, Konsequenzen. In: Gudjons, Herbert (Hg.): Entlastung im Lehrberuf, Seite 69–80. Bergmann + Helbig Verlag, Hamburg 1993.

Becker, Irene/Meyer-Kles, Jutta: Lieber schlampig glücklich als ordentlich gestresst. Wege aus der Perfektionismusfalle. Campus Verlag, Frankfurt am Main 2004.

Cicero, Antonia/Kuderna, Julia: Clevere Antworten auf dumme Sprüche. Killerphrasen kunstvoll kontern. Junfermann Verlag, Paderborn 2001.

Freudenberger, Herbert/North, Gail: Burn-out bei Frauen. Über das Gefühl des Ausgebranntseins. Fischer Taschenbuch, Frankfurt am Main 2003.

Fritz, Hannelore: Besser leben mit work-life-balance. Wie Sie Karriere, Freizeit und Familie in Einklang bringen. Eichborn, Frankfurt am Main 2003.

Furman, Ben/Ahola, Tapani: Twin-Star – Lösungen vom anderen Stern. Zufriedenheit am Arbeitsplatz als Zwilling des Erfolgs. Carl-Auer Verlag, Heidelberg 2004.

Kramer, Gisela: Wer ist die Beste im ganzen Land? Konkurrenz unter Frauen. Fischer Taschenbuch, Frankfurt am Main 1998.

Kremer, Sybille: Dirty tricks, was tun? Wie Frauen Fallen erkennen und Karrierespiele gewinnen können. Herder spektrum, Freiburg 1995.

Kuhlmann, Ellen: Gegen die sexuelle Belästigung am Arbeitsplatz. Juristische Praxis und Handlungsperspektiven. Centauris Verlag, Pfaffenweiler 1996.

Langheiter, Christa: Mut zur Auszeit. Mit Sabbatical, Langzeiturlaub und Ausstieg auf Zeit zu mehr Lebensqualität und neuen Perspektiven. Redline Wirtschaft, Heidelberg 2006.

Litzcke, Sven/Schuh, Horst: Streß am Arbeitsplatz. Streß beflügelt – Streß macht krank. Deutscher Instituts-Verlag, Köln 1999.

Maier, Corinne: Die Entdeckung der Faulheit. Goldmann, München 2006.

Maslach, Christina/Leiter, Michael P.: Die Wahrheit über Burnout. Stress am Arbeitplatz und was Sie dagegen tun können. Springer Verlag, Wien 2001.

Maslach, Christina/Leiter, Michael P.: Burnout erfolgreich vermeiden. Springer Verlag, Wien 2001.

Pinl, Claudia: Männer lassen Arbeiten. 20 faule Tricks, auf die Frauen am Arbeitsplatz hereinfallen. Krüger Verlag, Frankfurt am Main 2002.

Rechlin, Eckehard: Focusing im Zeitmanagement, Focusing Journal 3/99. DAF, Würzburg.

Renn, Klaus: Dein Körper sagt dir, wer du werden kannst. Focusing – Weg der inneren Achtsamkeit. Herder spektrum, Freiburg im Breisgau 2006.

Scheutz, Andrea: Selbstcoaching für Frauen. Veröffentlicht vom Institut Frauensache. Wien 2002.

Scheutz, Andrea: Zeitmanagement. Veröffentlicht vom Institut Frauensache. Wien 2004.

Schmidbauer, Wolfgang: Dranbleiben – die gelassene Art, Ziele zu erreichen. Herder, Freiburg 2005.

Schulz von Thun, Friedemann/Stegemann, Wibke (Hg.): Das innere Team in Aktion. Praktische Arbeit mit dem Modell. Rowohlt, Reinbek bei Hamburg 2004.

Seiwert, J. Lothar: Wenn Du es eilig hast, gehe langsam. Das neue Zeitmanagement in einer beschleunigten Welt. Sieben Schritte zur Zeitsouveränität und Effektivität. Campus Verlag, Frankfurt am Main 2003.

Sher, Barbara/Smith, Barbara: Ich könnte alles tun, wenn ich nur wüsste, was ich will. Dtv, München 2005.

Statistik Austria (Hg.): Vereinbarkeit von Beruf und Familie, Modul der Arbeitskräfteerhebung 2005. Wien 2006.

Adressen und Links

Deutschland

Beratung

TuBF e. V.
Therapie und Beratung von und für Frauen
Dorotheenstraße 1–3, 53111 Bonn
Telefon: 0049 (0)228 653222
http://www.tubf-frauenberatung.de/

Therapeutische Frauenberatung e. V.
Groner Straße 32/33, 37073 Göttingen
Telefon: 0049 (0)551 45615
http://www.therapeutische-frauenberatung.de

Dr. med. Dagmar Ruhwandl, Fachärztin für Psychiatrie und Psychotherapie, Burn-out-Prävention
Morgenrothstraße 57, 81677 München
Telefon: 0049 (0)89 91076777
http://www.burnoutpraevention.de/

Stephanie Dann
Beratung Coaching Burnout-Prävention
Wildhubenweg 4, 65428 Rüsselsheim
Telefon: 0049 (0)6142 175446
http://www.ichkannsonichtarbeiten.net/burnout/index1.html

In Seb
Integrale Systemberatung
Alexander Tomiczek
Gilmerich 18, 53844 Troisdorf
Telefon: 0049 (0)2241 3905–10
http://burnout.inseb.de/start.htm

Initiative gegen psychosozialen Stress und Mobbing e.V. (IPSM)
Am Stock 14, 65597 Hünfelden-Heringen
Telefon: 0049 (0)6438 835029
http://www.ipsm-giessen.de

Habichtswaldklinik für Ganzheitsmedizin und Naturheilkunde
Wigandstraße 1, 34131 Kassel
Telefon: 0049 (0)561 3108–0
http://www.habichtswaldklinik-ayurveda.de

Gezeiten Haus Klinik
Venner Straße 55, 53177 Bonn
Telefon: 0049 (0)228 7488101
http://www.gezeitenhaus.de

Studien

Potsdamer Studie zur Lehrerbelastung von Professor Uwe Schaarschmidt, Universität Potsdam: http://www.psych.uni-potsdam.de/personality/files/bew-psychischer-anf.pdf

Links

http://www.sozialnetz-hessen.de/go/id/wau/Startaufruf/aaaaaaaaaaavxv/(Online-Beratung bei Mobbing und Burn-out)

http://www.fatigatio.de/(Chronisches Erschöpfungssyndrom)

http://www.das-burnout-syndrom.de/

http://www.hilfe-bei-burnout.de/

http://www.mobbing-web.de/html/burnout-syndrom_mobbing.html

http://www.psychologe.de/beratung/depressionen_burn_out.php (Depressionen & Burn-out: Ihre Berater via E-Mail-Beratung)

http://therapie.de/(Online-Portal für die Suche nach Psychotherapie)

Österreich

Beratung

Frauensache
Institut für frauenspezifische Psychotherapie, Supervision, Coaching und Weiterbildung
Obere Viaduktgasse 24/1, 1030 Wien
Telefon: 0043 (0)1 8958440
http://www.frauensache.at

Feldgasse 21
Zentrum für Angst, Burnout und Depression
Feldgasse 21/7, 1080 Wien
Telefon: 0043 (0)1 4032679
http://www.feldgasse21.at

IBOS
Institut für Burnout und Stressmanagement
Gerstnerstraße 3, 1150 Wien
Telefon: 0043 (0)1 4065716
http://www.ibos.co.at

Verein Frauen beraten Frauen
Lehárgasse 9/2/17, 1060 Wien
Seitenstettengasse 5/7, 1010 Wien
Telefon: 0043 (0)1 5331284
http://www.frauenberatenfrauen.at

beraterInnengruppe naschmarkt
Baumannstraße 7/9, 1030 Wien
Telefon: 0043 (0)1 7159889
http://www.naschmarkt.co.at

Work & People
Zentrum für Mobbingberatung & Konfliktlösung am Arbeitsplatz
Blindengasse 28/6, 1080 Wien
Telefonhotline: 0043 (0)699 10128625 oder 0043 (0)676 7494194
jeden ersten Donnerstag im Monat von 16.00 Uhr bis 20.00 Uhr, alle Donnerstage von 17.00 Uhr bis 20.00 Uhr

Mobbing-Beratung für Universitätsangehörige
Dr. Nina Petrik
Psychologin, Wirtschaftscoach, Trainerin für Persönlichkeits- und Teamentwicklung, Mobbing- und Konfliktberaterin
Telefon: 0043 (0)699 11072118

Der Weiberhof, Frauenferien + Frauenbildungshof
Lamawanderungen zum Entschleunigen der Zeit
Telefon: 0043 (0)660 8105566
http://www.weiberhof.at

Links

http://www.burn-out.at (Burn-out-Vernetzungsseite mit viel Information)

http://www.psyonline.at/(Das Online-Informationssystem für psychologische Dienstleistungen)

http://www.50plus.at/Default.htm?http%3A//www.50plus.at/stichw/mobbing.htm (Mobbinginformation für ältere Arbeitnehmer)

Schweiz

Beratung

Beobachter Beratungszentrum
8021 Zürich
Telefon: 0041 (0)43 4445401
http://www.beobachter.ch
(Beratung zu Arbeitsrecht)

Schweizerischer Gewerkschaftsbund
Monbijoustraße 61, 3000 Bern 23
Telefon: 0041 (0)31 3770101
http://www.sgb.ch
(Unterstützung von ArbeitnehmerInnen)

Cross over-Beratung
Iris Hörner Badertscher
Buchserstraße 19, 5000 Aarau
Telefon: 0041 (0)76 5375911
http://www.co-b.ch

Schweizerischer Verband für Berufsberatung SVB
Beustweg 14, 8032 Zürich
Telefon: 0041 (0)1 2661111
http://www.svb-asosp.ch
(Verzeichnis von öffentlichen Berufs-, Studien- und IV-Beratungen, privaten Laufbahnberatungen sowie Regionalen Arbeitsvermittlungszentren RAV; ganze Schweiz, inklusive Fürstentum Liechtenstein)

ebp Ellen Perolini Beratung
Karriereberatung – Laufbahnplanung – Persönlichkeitsentwicklung
Streulistraße 77, 8032 Zürich
Telefon: 0041 (0)1 3879988
http://www.karriereplus.ch

Individual Coaching Services
Postfach 52, 8640 Kempraten
Telefon: 0041 (0)55 2118235
http://www.individual-coaching.ch

Institut für Arbeitsmedizin ifa
Kreuzweg 3, Areal ABB/Alstom, 5400 Baden
Telefon: 0041 (0)56 2056199
www.arbeitsmedizin.ch

Links

http://www.berufsberatung.ch (Berufsberatung im Internet)
http://www.swissburnout.ch/index.htm (Swiss Burnout)
http://www.kmu-vital.ch (Betriebliche Gesundheitsförderung)
http://www.kunstderauszeit.de (Auszeit)
http://www.m-p.ch (Personalentwicklung, Zeitmanagement)
http://www.und-online.ch (Seite zur Vereinbarkeit von Beruf und Familie, Kontaktstellen in Basel, Bern, Luzern und Zürich)

Stichwortverzeichnis